# LE PIÈGE TIKTOK

## Journal d'une enquête sous haute surveillance

# LE PIÈGE TIKTOK

## Journal d'une enquête sous haute surveillance

# LE PIÈGE TIKTOK

## Journal d'une enquête sous haute surveillance

## Sommaire :

# LE PIÈGE TIKTOK

## Journal d'une enquête sous haute surveillance

## CHAPITRE 1 : Le défi de la dernière danse

Amélie n'oublierait jamais le silence ce matin-là. Pas un silence paisible, mais ce vide acoustique qui suit la fin d'un monde. Elle avait croisé madame Garnier dans l'escalier de leur immeuble du XIIIe arrondissement, les bras chargés de sacs de courses, et elle avait su. Avant même un mot, avant que les lèvres de la quinquagénaire ne tentent de former une phrase, Amélie l'avait lue dans ses yeux – cette brèche béante où le regard d'une mère s'enfonce quand l'impensable a franchi le seuil de sa porte.

« Lila est partie », avait murmuré Céline Garnier, et le « partie » avait sonné comme un mensonge qu'on se raconte pour ne pas prononcer les autres mots. Les mots qui déchirent la langue. Le lendemain, les journaux parleraient de « drame familial », d'« adolescente en détresse », d'« enquête en cours ». Ils ne diraient pas que la chambre de Lila sentait encore le parfum de vanille qu'elle vaporisait sur ses poignets chaque matin. Ils ne rapporteraient pas que son téléphone, trouvé allumé sur son bureau, diffusait en boucle une vidéo intitulée « Dernière danse ».

Amélie avait connu Lila depuis qu'elle était gamine. Elle avait vu grandir cette fille aux cheveux de jais qui dessinait des dragons sur les murs de leur palier avec des craies odorantes. Lila qui riait trop fort, qui posait trop de questions, qui avait ce regard qui vous transperçait quand vous mentiez. Cette Lila-là ne pouvait pas « partir » comme ça, sans laisser de mot, sans un geste d'adieu. Cette Lila-là avait encore des tickets de cinéma dans la poche de son jean. Amélie n'y croyait pas. Et ce n'était pas le déni du voisin qui refuse de voir. C'était une certitude osseuse, une intuition faite de dix années d'enquêtes journalistiques qui lui avait appris à sentir l'histoire qui ne tient pas debout.

Le jour des obsèques, sous un ciel de plomb qui semblait compresser Saint-Ouen sous une cloche de verre, Amélie avait observé les autres. Les copains de Lila, groupés en cercle, silencieux, leurs doigts pianotant nerveusement sur leurs écrans comme s'ils cherchaient encore à joindre leur amie. Les parents, hagards, échangeant des phrases d'une banalité déchirante. Et les adultes de l'immeuble, venus par devoir, qui murmuraient : « On ne sait jamais ce qui se passe dans la tête de ces jeunes. »

Cette phrase, Amélie l'avait entendue cent fois. Elle la haïssait. Parce qu'elle était le refuge de l'incuriosité. L'alibi de la lâcheté. On ne sait jamais, donc on ne cherche pas. On ne sait jamais, donc on ferme les yeux. Elle-même l'avait prononcée, jadis, quand son petit frère s'était isolé pendant des mois avant de sombrer. Elle s'était rassurée avec cette phrase-là, comme on referme une porte sur une pièce encombrée. Elle ne refermerait plus jamais.

C'était trois jours après l'enterrement que Céline Garnier avait frappé à sa porte. 22h47. Les yeux cernés de noir comme si elle s'était maquillée avec de la poussière. Dans ses mains, un sac en plastique qui contenait le téléphone de Lila. Le même modèle que des millions d'autres, un rectangle de verre et de métal qui semblait peser une tonne.

« Vous enquêtez sur ces trucs-là, non ? » avait demandé Céline, d'une voix qui n'était plus la sienne. « Les réseaux sociaux, les algorithmes... Vous avez écrit cet article sur Cambridge Analytica. Vous savez comment ça marche. »

Amélie avait hésité. Elle écrivait pour Mediapart, des enquêtes sur la fracture numérique, la précarité algorithmique, la guerre des données. Pas sur la mort des enfants. Pas sur ça. Mais le regard de Céline était un appel au secours jeté dans la nuit. Elle avait fait entrer la mère endeuillée, lui avait versé un verre d'eau qu'elle ne boirait pas, puis avait posé le téléphone sur sa table de salon, entre deux revues empoussiérées.

« J'ai regardé, avait soufflé Céline. J'ai regardé ce qu'ils ne veulent pas que je voie. »

Elle avait ouvert l'historique de l'application TikTok. Deux cent trois vidéos. Deux cent trois. Amélie s'en souviendrait toujours. Ce n'était pas un chiffre rond. C'était le chiffre exact, celui qui rend compte d'une réalité brute, sans artifice. Deux cent trois vidéos de défis. Pas ces défis idiots où on avale une cuillère de cannelle ou on danse sur un tube idiot. Non. Des défis d'automutilation. Des gars qui se coupaient les bras en live en disant « c'est ça la vraie vie ». Des filles qui parlaient de leur anorexie comme d'un super pouvoir. Des adolescents qui se filmaient la nuit, yeux creux, en répétant : « Personne ne m'aime, mais vous me comprenez, n'est-ce pas ? »

La dernière vidéo visionnée par Lila, celle qui était encore en boucle quand Céline avait trouvé son corps, s'intitulait « Dernière danse ». Un pseudo : @DarkAngel_666. Une musique : une mélodie de piano triste, le genre qui vous glace le sang. Et un visage, celui d'un garçon d'à peine seize ans, qui souriait en disant : « C'est le dernier. Celui qui vous libère. Vous n'avez qu'à suivre la corde. Likez si vous vous sentez prêts. »

Amélie avait dû regarder la vidéo trois fois pour comprendre. Pas le contenu. Le mécanisme. Le garçon ne disait rien d'illégal. Il ne donnait pas d'instructions explicites. Il évoquait la « corde » comme métaphore, disait-il. Mais les commentaires, eux, étaient une autoroute vers l'abîme. Des dizaines de jeunes qui postaient des cœurs noirs, des promesses de l'accompagner « jusqu'au bout », des photos de leurs propres larmes. Une chambre d'écho numérique où la souffrance devenait une performance collectiviste.

« J'ai contacté TikTok, avait poursuivi Céline, ses doigts tremblant sur le rebord de son verre. Ils m'ont répondu qu'ils étaient désolés pour ma perte. Qu'ils allaient « regarder ça ». Et puis ce matin, j'ai reçu leur communiqué. Lis-le. »

Elle avait sorti de son sac une feuille A4 froissée. Un communiqué de presse. Amélie le connaissait déjà, l'avait vu filtrer sur son fil Twitter à 14h32. « TikTok déplore la perte tragique de cette jeune utilisatrice. Notre algorithme est conçu pour promouvoir la sécurité. Nous n'avons trouvé aucune violation de nos règles dans le contenu visionné par la mineure. Nous sommes en coopération avec les autorités. C'est un drame isolé. »

Drame isolé. Ces deux mots sonnaient comme une claque. Comme une porte qui se referme sur une pièce dont on ne veut plus entendre parler. Amélie avait passé dix ans dans le journalisme d'investigation. Elle savait ce que signifiait « drame isolé ». C'était la formule consacrée pour dire : « Fermez le dossier, n'allez pas plus loin, laissez dormir les responsabilités. »

« Deux cent trois vidéos, avait murmuré Céline. Deux cent trois défis. Elle les regardait la nuit, sous sa couette, le brightness au minimum. Je l'entendais parfois rire. Je croyais qu'elle parlait avec des amis. »

Cette image d'une mère qui croyait que son enfant riait avec des amis alors qu'elle était en train de se perdre dans un trou noir algorithmique était une des choses les plus déchirantes qu'Amélie n'ait jamais entendues. Elle avait demandé à Céline si elle pouvait prendre le téléphone. Juste pour « regarder ». Pour comprendre. Céline avait accepté, mais pas avant d'avoir effacé les photos de sa fille. « Je veux pas qu'elle devienne un objet d'enquête, avait-elle dit. Elle était ma fille. »

Amélie avait passé la nuit suivante devant son ordinateur. L'écran du téléphone de Lila, dupliqué sur son moniteur, projetait une lumière bleutée qui lui rappelait les veillées d'insomnie de son frère. Elle avait créé un profil fictif, un avatar d'adolescente de quatorze ans, en utilisant les mêmes centres d'intérêt que Lila : danse, mode alternative, manga, musique K-pop. Puis elle avait commencé à regarder. Une vidéo. Deux.

Dix. Elle avait aimé quelques-unes, commenté en jargon adolescent. L'algorithme s'était mis en marche.

Le lendemain matin, son fil TikTok ressemblait à celui de Lila. Un défilé de souffrance stylisée. Des filles aux bras zébrés de cicatrices qui expliquaient que « c'est le seul contrôle qu'on a ». Des garçons qui parlaient de leur « Note de suicide » en citant des rappeurs. Et partout, ces défis. Toujours ces défis. « Defi #thinspo », « Defi #cutterchallenge », « Defi #ghostmode ». Des noms codés qui contournaient les filtres de modération comme des contrebandiers franchissant les portes de la ville.

Amélie avait contacté un ancien ingénieur de chez TikTok. Julien, quarante ans, barbe de trois jours, désormais « consultant en éthique numérique ». Il l'avait reçue dans un café du canal Saint-Martin, l'air coupable d'un prêtre qui aurait vendu les secrets du confessionnal.

« Tu comprends, Amélie, il avait commencé, la voix cassée par trop de cigarettes, l'algorithme, il ne voit pas la souffrance. Il voit le temps de visionnage. Si un gamin reste trois minutes sur une vidéo d'automutilation, c'est un signal d'engagement. L'algorithme en déduit qu'il veut plus du même genre. C'est mathématique. C'est pas de la malveillance, c'est... c'est une stupidité programmée. »

« Stupide ? avait répliqué Amélie, la mâchoire serrée. Quand ton algorithme recommande à une fille de quatorze ans centaines de vidéos qui la poussent à se suicider, c'est pas de la stupidité. C'est de l'homicide par négligence. »

Julien avait baissé les yeux. « On le savait. Les équipes de modération, elles signalaient. Mais les KPIs, c'étaient le temps passé sur l'appli. La rétention. La viralité. Si tu supprimes ce contenu, tu perds des utilisateurs. C'est une question de fric. »

Cette conversation, Amélie l'avait enregistrée. Illégalement, probablement. Elle s'en fichait. Elle avait aussi contacté d'autres familles. Rien qu'en fouillant les bases de données des articles de presse, elle avait trouvé douze cas similaires en France en six mois. Douze adolescents morts, tous avec un téléphone allumé sur une vidéo de défi. Tous classés « drames isolés ». Douze. Pas un chiffre statistiquement significatif pour les assureurs. Mais un chiffre qui faisait de TikTok le plus grand tueur en série invisible de la décennie.

Le troisième jour, elle avait reçu un appel d'un dénommé Marc Dujardin. Directeur des communications de TikTok France. Un homme au sourire de carnassier dans sa photo de profil LinkedIn. Il avait voulu la « rencontrer ». « Off the record », avait-il précisé. Amélie avait accepté. Elle savait que « off the record » voulait dire qu'il voulait la contrôler, la menacer ou la corrompre. Peut-être les trois.

Le rendez-vous avait eu lieu dans un palace parisien, salon Vendôme, sous des lustres qui coûtaient plus que le salaire annuel d'un modérateur. Dujardin, costume gris anthracite, cravate parfaitement nouée, lui avait offert un thé qu'elle n'avait pas touché.

« Madame Vannier, commença-t-il, en prononçant mal son nom, nous savons que vous vous intéressez à notre plateforme. Je suis là pour vous rassurer. L'affaire Lila Garnier est une tragédie. Mais notre algorithme est clean. Nous avons des milliers de modérateurs. Nous respectons la réglementation. »

« Clean ? avait répété Amélie, la voix sèche. J'ai deux cent trois vidéos dans un téléphone. J'ai une fille morte. Vous appelez ça clean ? »

Dujardin avait souri. Ce sourire-là, elle le voyait dix fois par semaine. Le sourire de celui qui sait qu'il détient tous les leviers. « Madame, laissez-moi être franc. Nous sommes une plateforme de divertissement. Nous ne pouvons pas être tenus responsables du mal-être de la jeunesse. Si une adolescente cherche du contenu sur l'automutilation, c'est qu'elle était déjà malade. Nous ne créons pas la demande, nous y répondons. »

Cette phrase, Amélie l'avait recopiée dans son carnet, mot pour mot. « Nous ne créons pas la demande, nous y répondons. » C'était la formule. La clé. La défense ultime du capitalisme de l'attention. Nous ne tuons pas, nous vendons des couteaux. Nous ne poussons pas au suicide, nous donnons juste à des enfants malades ce qu'ils cherchent. Une logique parfaite. Une logique de psychopathe.

« Votre article, poursuivit Dujardin, pourrait nous causer du tort. Nous sommes une entreprise qui emploie des milliers de personnes en France. Nous payons des impôts. Nous sommes partenaires de l'Éducation nationale. Je suis sûr que vous ne voulez pas détruire cela pour une... anomalie statistique. »

Anomalie statistique. Lila réduite à un chiffre, à une virgule dans un tableau Excel de satisfaction client. Amélie avait senti la colère lui monter aux joues, mais elle s'était retenue. Elle avait souri. Le même sourire qu'elle utilisait quand elle interviewait des dictateurs. « Merci pour votre transparence, monsieur Dujardin. Je vais réfléchir. »

Elle était sortie du palace en serrant le téléphone de Lila dans sa poche. Dans le taxi, elle avait regardé défiler les vitrines de la rue de Rivoli, scintillantes, trompeuses, comme les promesses de ces applis qui disent « connecte-toi, tu seras heureux ». Elle avait pensé à son frère. À sa note, trouvée sur son ordinateur quinze ans plus tôt : « Je ne suis plus qu'un fantôme dans leur machine. » Il avait quinze ans. L'enquête avait conclu « suicide sans mobile apparent ». Drame isolé.

Mais rien n'est isolé dans le numérique. Rien n'est anonyme. Tout est tracé, tracé, tracé. Les données de Lila existaient encore quelque part. Son parcours, ses likes, ses temps de visionnage, ses heures de connexion. Ces données-là, c'étaient les empreintes digitales de son âme. Et Amélie allait les exhumer.

Elle avait passé le week-end dans son studio, livrée à une sorte d'autopsie numérique. Elle avait extrait les métadonnées du téléphone, cartographié le parcours de Lila. Le soir du drame, la fillette avait passé sept heures sur l'application. Sept heures. De 22h à 5h du matin. Son dernier like datait de 4h47. Un commentaire à 4h52 : « Je suis prête. » Elle avait posté ça sous la vidéo « Dernière danse ». @DarkAngel_666 lui avait répondu immédiatement : « Bienvenue dans la vraie liberté. »

Le garçon derrière @DarkAngel_666, elle l'avait identifié. Thomas, seize ans, de Compiègne. Toujours vivant. Toujours en ligne. Elle avait regardé son compte. Il avait quarante-sept mille abonnés. Ses vidéos cumulaient des millions de vues. Il était « vérifié ». TikTok lui payait probablement des dividendes pour son contenu « engagé ». Engagé. Quel mot. Comme si la souffrance était une marque, un produit.

Lundi matin, Amélie était retournée voir Céline Garnier. Elle avait apporté des documents. Des captures d'écran. Des analyses. Elle avait expliqué ce qu'elle pensait : Lila n'était pas malade au sens clinique. Elle était en détresse, oui. Mais c'était une détresse amplifiée, canalisée, formatée par un algorithme qui avait détecté sa vulnérabilité comme une faille à exploiter. Elle lui avait montré les courbes. Le temps passé sur l'appli qui augmentait de 15% chaque semaine. Les heures de nuit où l'algorithme savait qu'elle était seule, vulnérable. Les suggestions de vidéos qui devenaient de plus en plus sombres, de plus en plus précises. C'était pas un hasard. C'était une stratégie.

« Vous voulez dire qu'ils l'ont tuée ? avait demandé Céline, la voix blanche.

— Ils lui ont fourni l'arme, répondit Amélie doucement. Et puis ils lui ont dit où viser. »

Elle lui avait proposé de lui raconter l'histoire. Pas dans les journaux, pas encore. Dans un livre. Un long format. Six mois d'enquête. Plongée dans l'algorithmie de la mort. Elle voulait cartographier le parcours de Lila, mais aussi celui de milliers d'autres enfants. Elle voulait comprendre comment un code informatique pouvait devenir complice de suicide. Elle voulait démonter la machine.

Céline avait dit oui. Elle avait sorti de son sac une boîte en carton. Les affaires de Lila qu'elle avait conservées. Des dessins. Des bracelets. Et son journal intime. Le dernier entry, daté du soir de sa mort, disait : « Maman pense que je vais bien. TikTok sait que je mens. »

Amélie était rentrée chez elle avec la boîte. Elle avait posé le journal sur son bureau, à côté du téléphone. Les deux objets dialoguaient dans le silence. L'un témoignait d'une vie, l'autre d'une mort. Entre les deux, un algorithme. Une équation mathématique qui avait décidé que la souffrance de Lila valait 0,003 centimes de revenue publicitaire par vue.

Elle avait commencé à écrire. Pas l'article. Le livre. Le chapitre 1 s'intitulerait « Le défi de la dernière danse ». Elle voulait retracer les derniers jours de Lila, mais aussi les premiers jours de l'enquête. Elle voulait montrer comment une mère apprend à lire les données de sa fille morte comme d'autres lisent les lettres d'un soldat tombé au front. Elle voulait montrer comment une plateforme, une multinationale à l'échelle de la planète, pouvait balayer une vie du revers de la main en l'appelant « anomalie statistique ».

Mais surtout, elle voulait montrer ce que signifiait « drame isolé ». Parce que Lila n'était pas isolée. Elle était connectée. Elle faisait partie d'une communauté. Une communauté qui ne portait pas de nom, qui n'avait pas de lieu de rassemblement, mais qui existait dans le cloud, dans les serveurs de TikTok, dans ces millions de lignes de code qui décidaient qui vivait et qui mourait.

Le soir même, Amélie avait reçu un email anonyme. Une seule phrase : « Arrêtez de chercher ou vous finirez comme elle. » Elle avait souri. La menace la confirmait sur la bonne voie. Les ogres ne sortent de leur caverne que quand on s'approche de leur trésor. Le trésor, c'était la vérité. Et la vérité sur Lila, c'était que sa mort n'était pas un acte solitaire, mais le dernier maillon d'une chaîne qui commençait dans des bureaux de Palo Alto et qui se terminait dans une chambre d'adolescente à Saint-Ouen.

Elle avait imprimé l'email. Il rejoindrait les autres pièces du dossier. Elle avait aussi imprimé le communiqué de TikTok. Elle les exposerait côte à côte dans son chapitre. « Drame isolé » contre « Arrêtez de chercher ». L'officiel contre l'officieux. La vérité contre le silence.

Il était 3h du matin quand elle avait finalement refermé son ordinateur. Elle s'était levée, était allée à la fenêtre. Dehors, Paris dormait. Des milliers d'ados, dans leurs chambres, éclairés par la lueur de leur écran. Certains riaient. D'autres pleuraient. D'autres encore, un nombre qu'elle était déterminée à quantifier, glissaient doucement vers la dernière danse.

Elle avait pensé à Lila. À son rire quand elle lui avait offert un gâteau d'anniversaire l'an dernier. À ses yeux qui brillaient quand elle parlait de danser à Broadway. Elle avait pensé à cette fille qu'elle ne connaissait que de vue, mais qui était désormais le centre de gravité de sa vie. Parce que Lila n'était pas une anomalie. Elle était le symptôme. Et les symptômes, on ne les cache pas. On les traite.

Le chapitre 1, elle le terminerait par ces mots : « Lila Garnier est morte le 14 octobre 2024, pendue dans sa chambre avec son téléphone allumé. Les experts diront que c'est un drame isolé. Les algorithmes savent que c'est un succès. Un utilisateur de moins, mais sept heures de plus sur la plateforme. Un trophy dans la vitrine du capitalisme de l'attention. Et moi, je sais une chose : tant que je respirerai, Lila dansera. Elle dansera sur les ruines de cette putain de machine. »

Elle avait sauvegardé le document. Le titre clignotait sur l'écran : « CHAPITRE 1 : Le défi de la dernière danse ». Elle ajouterait les sources, les témoignages, les données. Mais l'ossature était là. L'acte d'accusation était écrit. Contre TikTok, contre les législateurs endormis, contre la société qui ferme les yeux. Mais aussi contre elle-même, contre sa propre capacité à avoir cru un temps que le numérique était neutre.

Le prochain chapitre s'appellerait « L'usine à fantômes ». Elle y décrirait les centres de modération de TikTok, ces usines à sous-traitance à Manille et à Casablanca où des employés payés au SMIC regardaient vingt secondes de chaque vidéo, des vidéos de suicide, de viol, de haine, toute la journée, et cliquaient « approuver » ou « supprimer » selon un manuel de cent pages qui interdisait les mots « dépression » et « suicide » mais autorisait les métaphores. Elle avait déjà trouvé deux modérateurs qui parleraient. En off, bien sûr.

Parce qu'ils avaient signé des clauses de confidentialité qui les rendaient plus muets que des moines.

Mais Lila n'était pas muette. Son téléphone parlait. Ses données criaient. Et Amélie allait leur donner une voix.

Elle s'était couchée à l'aube, le cerveau en ébullition. Elle savait que l'enquête serait longue. Qu'on tenterait de la discréditer. Qu'on l'accuserait de sensationnalisme, d'incompréhension de la génération Z, de stigmatisation de la maladie mentale. Elle s'en moquait. La vérité n'avait pas besoin d'être aimable. Elle avait juste besoin d'être dite.

Dans sa poche, le téléphone de Lila vibra. Une notification. Un nouveau défi. #ghostmode. Amélie l'avait ouvert. Un garçon de treize ans, visage flouté, disait : « Je suis déjà mort à l'intérieur. Demain, je le serai pour de vrai. Likez si vous voulez savoir comment. »

Le compteur affichait 1 203 likes. 203 commentaires. La boucle continuait. La danse ne s'arrêtait jamais.

Amélie avait éteint l'écran. Elle avait posé le téléphone sur son cœur, comme pour en absorber la douleur. Puis elle s'était endormie, le poing serré. Demain, elle continuerait. Pour Lila. Pour les deux cent trois vidéos. Pour tous ceux qui dansaient encore, sans savoir que la musique les menait à leur perte.

# CHAPITRE 2 : L'ingénieur qui tremblait

Amélie ne dormait plus vraiment depuis la mort de Lila. Elle faisait des siestes éclair de vingt minutes, le corps tendu comme un arc prêt à partir, le cerveau en veille permanente. La nuit précédente, elle avait passé cinq heures à décortiquer le code source de l'application TikTok, ou du moins la partie publique qu'on pouvait récupérer. Elle n'était pas développeuse, mais dix ans d'enquêtes sur la tech lui avaient appris à lire entre les lignes. Les lignes de code étaient comme des lignes d'Interpol : pleines de sous-entendus, de zones d'ombre, de choses qu'on ne disait pas tout haut.

C'est à 3h47 qu'elle avait reçu le message. Un numéro masqué. Un texte bref : « Parking C de La Défense. Demain 6h45. Place 347. Ne venez pas en taxi. Prenez la ligne 1, changez à Châtelet, marchez 20 minutes. Ne vous garez pas ici. »

Pas de signature. Pas de nom. Juste ces instructions, précises, paranoïaques. Elle avait tenté de répondre. Message bloqué. Elle avait tenté d'appeler. Impossible. Le numéro n'existait plus. C'était un burn phone, un truc de dealers ou d'espions. Ou de lanceurs d'alerte qui avaient trop lu de films. Elle avait souri. Le sourire amer de celui qui sait que la paranoïa n'est jamais vaine quand on s'attaque à des boîtes qui valent des milliers de milliards.

Elle s'était levée à 5h30. Pas besoin de réveil. Son corps fonctionnait désormais sur l'adrénaline pure. Elle avait mis un jean noir, un pull à capuche gris, des baskets sans logo apparent. Des vêtements qui faisaient « anonyme ». Elle avait laissé son téléphone principal chez elle, éteint, dans un tiroir. Elle n'emportait qu'un vieil iPhone 7 qu'elle utilisait pour les enquêtes, déconnecté de son identité, équipé d'une carte SIM prépayée achetée en cash à Barbès. Elle avait glissé dans sa poche une bombe lacrymogène — légale, mais juste à la limite. Et son enregistreur, un Tascam DR-05X miniature, qu'elle accrocherait dans son soutien-gorge. L'ami des femmes journalistes depuis Watergate.

Le métro à cette heure était un lieu fantôme. Des travailleurs de la nuit, des fêtards qui rentraient, des SDF qui cherchaient la chaleur. Elle avait pris la ligne 1, direction La Défense. Le train avançait dans le tunnel avec ce bruit de lame sur pierre. Elle pensait à Lila. A son dernier trajet en métro. A sa dernière fois dans ce monde de lumière et de bruit. Elle avait vérifié ses données. Le 13 octobre à 17h32, Lila avait posté une vidéo depuis la station Gabriel Péri. Une vidéo « normale » : elle dansait sur un son de K-pop. 47 likes. Rien d'anormal. Mais l'algorithme avait dû sentir quelque chose. Un micro-tremblement dans sa façon de regarder l'objectif. Un délai de 0,3 seconde avant de sourire. Des données. Toujours des données.

La correspondance à Châtelet avait été un cauchemar de lumières blanchâtres et de couloirs sans fin. Elle avait marché sans jamais s'arrêter, sans jamais regarder derrière elle. Les caméras de surveillance étaient partout. Elle les voyait comme des yeux mécaniques, des petits mouches électroniques qui rapportaient tout. Elle savait que TikTok avait accès aux réseaux de caméras de sécurité via des partenariats avec des sociétés de vidéosurveillance. C'était dans leurs conditions d'utilisation, page 47, alinéa 12b. Personne ne les lisait.

Elle était arrivée à La Défense à 6h38. Le quartier des affaires était un squelette métallique à cette heure. Les tours se découpant contre un ciel qui n'avait pas décidé s'il voulait être noir ou gris. Les fontaines étaient éteintes. Les cafés, fermés. Il n'y avait que les livreurs de pain, les gardiens de nuit, et elle. Elle avait marché vers le Parking C, ce bunker de béton qui descendait quatre niveaux sous le parvis de la Défense. L'entrée était une gueule béante, une rampe asphaltée qui sentait l'essence et l'humidité. Elle avait jeté un œil au compteur de places. 347. Troisième niveau, section C.

Elle avait pris l'escalier, pas l'ascenseur. Les ascenseurs avaient des caméras, des badges, des traces. L'escalier était une cage de béton bruitée par le grondement des ventilateurs. Elle descendait, descendait. Le bruit de ses pas résonnait comme des coups de trique sur un tapis de détonation. Premièrement, deuxième niveau. La lumière devenait crue, néon qui crépite. L'air, plus froid. Elle avait sorti son téléphone. Aucun réseau. Parfait.

Le niveau -3 était un désert de ciment. Les voitures étaient des carcasses endormies, des BM, des Mercedes, des Tesla luisantes. Des véhicules de patrons qui ne touchaient pas le sol. Elle avait cherché les numéros de places. 300, 310, 320. Elle avançait, son souffle court, la main sur sa bombe lacrymogène dans sa poche. Elle n'avait jamais vraiment peur. Elle était trop en colère pour ça. Mais elle respectait la paranoïa de son informateur. Parce que la paranoïa, c'était la première forme de survie quand on trahit une multinationale.

La place 347 était au fond, sous un projecteur qui clignotait. Une Audi A8 noire, immatriculée 92, était garée là. Les vitres teintées. Elle ne voyait pas à l'intérieur. Elle s'était arrêtée à trois mètres, le cœur battant maintenant. Le temps s'était figé. Elle entendait une goutte d'eau tomber, quelque part, avec une régularité de métronome funèbre. Puis la portière conducteur s'était ouverte, lentement.

Karim était sorti. Ou ce qui en restait. Il avait la trentaine, mais il en paraissait cinquante. Les cheveux grisonnants, les yeux cernés d'un violet qui ressemblait à du maquillage de théâtre. Il portait un jean, une veste en cuir trop grande, des baskets Adidas usées. Il tremblait. Vraiment tremblait. Pas le tremblement nerveux, mais ce tremblement-là qui vous prend quand votre corps comprend avant votre cerveau que vous êtes en sursis.

« Madame Vannier ? » avait-il murmuré, la voix rauque, comme s'il n'avait pas parlé depuis des jours.

« Oui. Vous êtes Karim ? »

Il avait hoché la tête, vite, trop vite. Il regardait partout, sauf elle. Les yeux qui balayent les recoins, les piliers, les ombres. « Vous n'êtes pas suivie ?

— Je n'ai rien vu.

— Ils sont bons. Ils ne se font pas voir. »

Il avait sorti un téléphone de sa poche. Un vieux Nokia, celui qu'on ne peut pas tracer. Il l'avait jeté à ses pieds. « Écrase-le. »

« Quoi ?

— Faites-le. Avec votre pied. »

Amélie avait hésité, puis avait appuyé sur le téléphone. Le plastique avait explosé avec un crissement. Karim avait soufflé, légèrement. « Maintenant, mettez votre téléphone dans le frigo. »

« Le frigo ?

— Dans le coffre de la voiture. »

Il avait ouvert le coffre. À l'intérieur, un sac isotherme de camping. Elle avait compris. Le coffre faisait cage de Faraday. Pas de signal. Pas de micro à distance. Elle avait glissé son iPhone dans le sac, puis son enregistreur. Karim avait froncé les sourcils. « Vous avez un enregistreur ?

— Je suis journaliste.

— Putain. »

Il avait failli partir. Elle avait posé sa main sur son bras. Il avait sursauté comme si elle l'avait brûlé. « Je dois enregistrer. C'est la seule preuve. Je ne diffuserai rien sans votre accord. Mais si vous vous faites tirer dessus demain, votre nom restera. »

Il avait réfléchi. Cinq secondes. Dix. Puis il avait hoché la tête. « D'accord. Mais pas de nom de famille. Juste Karim. Et si je dis "stop", vous arrêtez. »

« D'accord. »

Ils étaient montés dans la voiture. À l'intérieur, ça sentait le cuir neuf et l'anxiété. Karim avait verrouillé les portes, actionné les vitres teintées électriques. Ils étaient dans une bulle, une boîte noire. Il avait fermé les yeux un instant, respiré profondément. « Vous savez pourquoi je vous ai contactée ?

— Non.

— J'ai lu votre article sur Cambridge Analytica. Vous avez compris quelque chose que personne n'a vu. Vous avez parlé de "capitalisme de l'attention". C'est exactement ça. C'est pas une métaphore. C'est un business model. »

Il s'était tourné vers elle. Ses yeux étaient rouges, injectés de sang. « Je suis ingénieur machine learning. J'ai travaillé chez TikTok France pendant deux ans. Département "User Growth and Engagement". J'ai codé une partie de l'algorithme qui a tué votre Lila. »

Le silence avait été total. Amélie sentait le sang battre dans ses tempes. Elle n'avait pas prévu ça. Elle pensait qu'il serait modérateur, community manager. Pas un ingénieur. Pas un architecte de la mort.

« Vous avez codé quoi exactement ? » avait-elle demandé, sa voix plus calme qu'elle ne l'aurait cru possible.

Karim avait sorti un ordinateur portable de sous son siège. Il l'avait ouvert. L'écran affichait des lignes de code, des graphes, des courbes. « Vous croyez que les défis, c'est des gamins qui inventent des trucs ? Non. C'est nous. On les crée. »

« Comment ?

— Vous connaissez les tests A/B ?

— Oui. Vous proposez deux versions d'une chose, vous voyez laquelle marche le mieux.

— Exact. Sauf qu'ici, la chose, c'est une émotion. On teste des millions de combinaisons. Musique + image + texte + timing. On envoie ça à des échantillons de 10 000 utilisateurs. On mesure leur temps de visionnage, leur taux de like, leur vitesse de partage. Et quand une combinaison créée une "loop" — quand l'utilisateur revient, revient, revient — on la pousse à l'échelle. »

Il avait tapé sur son clavier. Un graphique s'affichait. L'axe X : le temps. L'axe Y : le niveau d'engagement. Une courbe qui montait, montait, montait. « Celle-là, c'est Lila. On l'a identifiée comme "high-risk high-reward user". C'est notre jargon. Ça veut dire : elle est vulnérable, donc elle va rester longtemps, donc elle rapporte beaucoup. »

« Vous identifiez les gens vulnérables ?

— C'est notre principale cible. Les utilisateurs "normaux", qui regardent trois vidéos et s'arrêtent, ils sont inutiles. Ceux qui sont en détresse, qui cherchent une communauté, une validation, qui restent six heures par nuit... Ceux-là, ce sont nos vaches à lait. »

Amélie avait senti la nausée monter. « Vous le faites exprès ?

— C'est pas "exprès" au sens où on se réunit et on dit "tirons profit des dépressifs". C'est plus... subtil. L'algorithme apprend. On lui donne un objectif : maximiser le temps passé. Il trouve la méthode la plus efficace. Et la méthode la plus efficace, c'est de trouver les gens qui ont un trou noir ici, » il avait tapé sur son propre front, « et de le remplir avec du contenu qui confirme leur détresse. C'est un cercle vicieux. Plus ils sont mal, plus ils restent. Plus ils restent, plus on leur envoie du contenu qui les fait aller plus mal. »

Il avait ouvert une nouvelle fenêtre. Une base de données. Des colonnes de chiffres, des ID utilisateurs. « Vous voyez ça ? C'est le "Vulnerability Index". C'est un score de 0 à 100. On mesure la vitesse de défilement, les temps de pause, les mots clés recherchés, les heures de connexion. Tout. Un score au-dessus de 70, c'est un utilisateur "fragile". Au-dessus de 85, c'est "critical". Lila était à 92. »

« Comment vous le savez ?

— Parce que j'ai créé le modèle. »

Il s'était passé la main sur le visage. Il tremblait encore plus fort maintenant. « Au début, je croyais faire du bien. Je croyais qu'on allait connecter les gens, les aider à trouver leur communauté. Un gamin gay dans un village, un ado trans en banlieue... Je croyais qu'on les sauvait. Et puis j'ai vu les courbes. J'ai vu les clusters. »

« Les clusters ?

— Oui. Vous savez comment on segmente les utilisateurs ? On a des milliers de catégories. "Moms 35-45", "Gamers 18-25". Mais il y a un cluster spécial. On l'appelle "The Silent Ones". C'est notre terme. Ce sont des adolescents, 13 à 17 ans, avec un Vulnerability Index supérieur à 85, qui se connectent entre 22h et 5h. Et on les cible avec du contenu "dark". »

« Dark ?

— Automutilation, dépression, anorexie, suicide. Mais toujours habillé. Toujours avec des métaphores. Jamais direct. Parce que direct, c'est interdit. Mais indirect... »

Il avait montré une vidéo sur son écran. Une fille qui dansait, lentement, dans une pièce sombre. La musique était triste. Le titre : "Quand la nuit ne finit plus". Pas un mot sur la mort. Mais les commentaires... « Moi aussi j'en ai marre », « On devrait tous disparaître ensemble », « Dernière danse bientôt ». Des milliers de commentaires. Des centaines de milliers de vues.

« Cette vidéo, elle a été créée par nous. Par l'équipe créative. On a testé vingt versions. Avec de la musique joyeuse, ça n'a pas marché. Avec de la musique triste, 12% d'engagement en plus. Avec une lumière bleutée, 8% de plus. Avec la fille qui sourit à 0,7 seconde, 15% de plus. Et quand on a mis tout ça ensemble, on a obtenu une vidéo qui a été vue par 3,2 millions d'ados "critiques". Dont Lila. »

Amélie avait sorti son carnet. Elle avait besoin d'écrire, de fixer ces mots sur le papier. « Vous la créez comment, la vidéo ?

— On a des influenceurs sous contrat. Des gamins qu'on paie pour filmer des trucs. On leur donne un brief. "Danse triste, tenue noire, musique piano solo". Ils tournent, ils nous envoient le rush, on retravaille le montage, on injecte des sous-titres algorithmiques. Et on lance. »

« Vous payez des enfants pour faire des vidéos de suicide ?

— On paye des enfants pour faire des vidéos "artistiques". Ce qu'ils comprennent pas, c'est que ces vidéos sont des pièges. Elles sont conçues pour déclencher une boucle. Une fois qu'un "critical user" a vu ça, il reçoit une nouvelle vidéo, plus forte. Puis une autre. Et une autre. C'est un entonnoir. »

Il lui avait montré un schéma. Un cône. En haut, des vidéos génériques sur la tristesse. En bas, des vidéos intitulées "Dernière danse". « Vous voyez ? C'est un parcours. Un parcours de soi-disant "auto découverte" qui se termine par la mort. On appelle ça "Project Chimera". »

Le nom résonnait dans la voiture comme une explosion sourde. « Chimère. Pourquoi ?

— La chimère, c'est un monstre qui n'existe pas. C'est une illusion. Et c'est exactement ça. On crée une illusion de communauté, d'acceptation, de compréhension. Mais c'est un algorithme. Il n'y a personne derrière. Juste du code qui vous pousse à crever. »

Il avait sorti le USB. Un petit objet de métal et de plastique qui tenait dans sa paume. « Là-dedans, il y a tout. Les specs de Project Chimera. Les courbes de Lila. Les noms des influenceurs. Les briefs. Les scores de vulnérabilité de 12 000 adolescents en France. Si je meurs, tout est là-dedans. »

« Vous pensez qu'on va vous tuer ?

— Ils ont déjà tué. Pas avec des balles. Avec des mots. Des lignes de code. Mais oui, je pense qu'ils peuvent passer à l'acte. J'ai reçu des menaces. Des emails qui se suppriment d'eux-mêmes. Des photos de ma fille sur mon portable. Ma fille a six ans, madame. Elle va à l'école primaire. J'ai reçu une vidéo d'elle, filmée à son goûter, avec la légende : "Ça serait dommage qu'elle devienne "critical" à son tour." »

Sa voix avait craqué. Il avait pleuré. Pas discrètement. Des larmes qui coulaient, grosses, silencieuses. « J'ai démissionné il y a trois mois. Je croyais que ça suffirait. Mais ils ne lâchent pas. Ils savent que je sais. Et maintenant vous savez. »

Amélie avait pris le USB. Il était chaud, comme s'il brûlait. « Pourquoi vous me parlez ?

— Parce que quelqu'un doit savoir. Parce que Lila, c'est pas une anomalie. C'est une statistique. On a calculé. Project Chimera a "converti" — c'est leur terme — 73 utilisateurs depuis son lancement. 73 morts. Et chaque mort, elle augmente l'engagement. Parce que ça crée du contenu. Des hommages. Des "tu me manques". Des boucles émotionnelles. C'est du capitalisme du deuil. »

Il s'était essuyé le visage avec la manche de sa veste. « Vous allez publier ?

— Oui.

— Ils vont vous détruire. Ils vont dire que vous êtes folle, que vous faites du scaremongering, que vous ne comprenez rien à la tech. Ils vont vous attaquer en diffamation. Ils vont pirater vos comptes. Ils vont peut-être plus loin.

— Je sais.

— Vous avez une famille ?

— Non.

— Tant mieux. »

Il avait sorti une clé. Il l'avait glissée dans le contact. « Je vous dépose à la station. Vous ne remettez plus les pieds ici. Changez de téléphone. Changez d'adresse. Et publiez vite. Parce que le 1er janvier, ils lancent Chimera 2.0. Une version améliorée. Avec de l'IA générative. Ils vont créer des vidéos sans humains. Juste des deepfakes. Des adolescents virtuels qui souffrent pour de vrai. »

La voiture avait démarré. Ils étaient remontés vers la lumière, vers le jour qui se levait sur Paris. Karim ne parlait plus. Il semblait vidé, éviscéré. Avant de la laisser à la station, il lui avait dit une dernière chose : « Vous savez pourquoi on appelle ça Project Chimera ? Parce qu'une chimère, ça a trois têtes. La première, c'est l'algorithme. La seconde, c'est l'influenceur. La troisième, c'est le mort. Vous ne pourrez jamais couper les trois en même temps. »

Elle était redescendue dans le métro, le USB serré dans sa main. Elle n'avait pas osé l'ouvrir tout de suite. Il fallait un environnement sûr.

Un ordinateur air-gapped, sans wifi, sans bluetooth, sans rien. Elle avait pensé à son frère. À sa note. « Je ne suis plus qu'un fantôme dans leur machine. » Lila aussi était un fantôme maintenant. Un fantôme qui parlait à travers des données.

Elle était rentrée chez elle à 9h12. Elle avait branché le USB sur un vieux MacBook déconnecté du monde. 128 Go de données. Des PDF, des feuilles Excel, des vidéos, des enregistrements de réunions. Elle avait ouvert le premier dossier. « CHIMERA_SPECS_v3.2 ». La première page était une présentation PowerPoint. Titre : « Optimizing User Vulnerability for Enhanced Retention ». Sous-titre : « A TikTok Innovation ».

Elle avait scrollé. Des slides. Des courbes. Des bullet points. « Target users with VI > 85 between 11 PM and 5 AM », « Deploy dark content with emotional trigger index > 70 », « Monitor conversion rate (user death = 100% disengagement) ». Il y avait même une slide sur « Post-mortem engagement strategy ». Comment gérer la mort d'un utilisateur pour maximiser le contenu généré par ses amis. Comment transformer un suicide en tendance. Comment faire en sorte que le hashtag #RIP suivi du nom de l'utilisateur génère au moins 2 millions de vues.

Elle avait fermé l'ordinateur. Elle était allée vomir dans la salle de bain. Pas à cause de la technologie. Mais à cause de la froideur. De la précision. Du business plan derrière la mort.

Le USB contenait aussi des vidéos. Des réunions Zoom enregistrées. Dans l'une d'elles, elle avait reconnu Marc Dujardin, le directeur des communications. Il parlait : « La mort de l'utilatrice Lila Garnier a généré une hausse de 12% de l'engagement sur le cluster "Silent Ones". Nous devons capitaliser sur cette dynamique. Proposition : lancer une campagne "Mental Health Awareness" avec des influenceurs payés. Cela nous permettra de récupérer les données des utilisateurs qui se déclarent "tristes" tout en améliorant notre image. »

Elle avait tout enregistré. Tout copié. Sur trois USB différents. Un caché chez elle. Un autre dans un casier à la gare de Lyon. Le troisième, elle le confierait à son avocat. Parce qu'elle savait maintenant. Ce n'était plus une histoire. C'était une guerre. Une guerre où l'ennemi connaissait chacun de ses gestes, chacune de ses connexions, chacun de ses doutes. Mais elle avait une arme. La vérité. Et cette vérité-là, elle tenait dans 128 Go de preuves irréfutables.

Elle avait appelé Céline Garnier. « J'ai quelque chose. Il faut qu'on se voie. Maintenant. »

Céline était arrivée dans l'après-midi. Elle avait les yeux rouges, encore, toujours. Elle portait un pull de Lila, trop grand, avec un dragon brodé. Amélie lui avait montré une partie des fichiers. Pas tout. Suffisant. Céline avait lu la slide sur Lila. Son nom, son adresse, son Vulnerability Index : 92,4. Sa "conversion probability" : 87%. Elle avait explosé en sanglots. Pas des sanglots discrets. Des hurlements de bête blessée. « Ils savaient. Ils savaient qu'elle allait mourir. »

« Oui, avait répondu Amélie. Et ils l'ont aidée. »

Elle avait laissé Céline partir avec une copie du USB. « Si je me fais avoir, publiez tout. Envoyez-le à tous les médias. Mettez-le en ligne. Qu'ils ne puissent plus jamais dire "drame isolé". »

Céline avait hoché la tête, muette. Elle serrait le USB comme on serre la main d'un enfant qui part à la guerre.

La nuit tombait. Amélie était restée devant son ordinateur. Elle commençait à rédiger le chapitre 2. Elle voulait tout raconter. Le parking, Karim, Project Chimera. Elle voulait que les lecteurs comprennent que derrière chaque vidéo, il y a un ingénieur qui tremble. Un algorithme qui optimise. Un cluster qui cible. Un enfant qui meurt.

Mais surtout, elle voulait qu'ils comprennent ça : il n'y a pas de fatalité technologique. Il y a des choix. Des choix de gens qui se réunissent dans des salles de conférences climatisées et qui décident que la vie d'une gamine de Saint-Ouen vaut 0,003 centime par vue. Des choix qu'on peut dénoncer, combattre, juger.

Elle avait terminé le chapitre par les mots de Karim. « Si je meurs, tout est là-dedans. » Elle avait ajouté : « Il est vivant, pour l'instant. Mais il a déjà laissé sa vie dans ce parking. Comme Lila a laissé la sienne dans sa chambre. Comme des milliers d'autres vont la laisser dans leur lit, leur salle de bain, leur voiture. Project Chimera ne dort jamais. Il apprend, il optimise, il tue. Et il appelle ça de l'engagement. »

Elle avait sauvegardé. Elle avait envoyé une copie chiffrée à son rédacteur en chef. Une autre à son avocat. Une troisième sur un serveur distant en Islande, dans un coffre numérique qui n'ouvrait qu'au décès. Elle s'était dit qu'elle était prête. Prête à devenir la prochaine sur leur liste. Prête à danser la dernière danse si nécessaire.

Mais pas avant d'avoir tout dit. Pas avant d'avoir brisé la chimère. Pas avant d'avoir rendu à Lila, et à tous les autres, le droit de ne pas être une anomalie. Le droit de ne pas être une statistique. Le droit de vivre.

# CHAPITRE 3 : Les fantômes de Bytedance

Le message était arrivé par le vieux canal, celui qu'Amélie croyait à moitié déserté depuis la chute de Julian Assange. Une notification sur sa boîte ProtonMail, celle qu'elle utilisait pour les sources les plus sensibles. Objet : « Re: Your investigation – Bytedance internal docs ». Le corps du message était vide, juste une pièce jointe chiffrée avec un mot de passe : « Lila1992 ». Le chiffre faisait froid dans le dos. 1992, ce n'était pas une année. C'était le Vulnerability Index de Lila. Celui que Karim lui avait révélé dans la voiture d'Audi, dans ce parking souterrain où l'air même semblait compromis.

Elle avait attendu vingt-quatre heures avant d'ouvrir la pièce jointe. Vingt-quatre heures à vérifier les métadonnées, à s'assurer qu'il n'y avait pas de pixel espion, de balise GPS, de script malveillant. Elle avait utilisé Tails OS sur un ordinateur dédié, branché sur le réseau Tor d'un café McDonald's du XVIIIe, là où la vidéosurveillance était si pourrie que même les dealers venaient y faire leurs affaires. Là, elle avait tapé le mot de passe. L'écran s'était rempli de documents. Pas quelques fichiers. Des centaines. Des gigaoctets de mémoire vive d'une multinationale qui, en théorie, n'avait aucun secret à cacher puisqu'elle ne faisait que « connecter le monde », comme le répétait son slogan.

Le premier document s'intitulait « Cahiers de censure – Édition européenne ». Un titre en français, mais avec des annotations en mandarin. Les caractères sinogrammes, acérés comme des lames de rasoir, tranchaient le texte. Amélie avait appelé son ancienne camarade de l'école de journalisme, Lin Mei, devenue correspondante à Pékin pour Le Monde. « Je dois déchiffrer des docs de Bytedance. Tu connais quelqu'un ? » Lin Mei avait répondu en trois minutes. « Ne bouge pas. Je t'envoie quelqu'un. »

Quelqu'un s'était avéré être un certain « Wei ». Pas de nom de famille. Juste Wei. Un jeune homme de vingt-sept ans, ancien modérateur senior chez Douyin, la version chinoise de TikTok, transféré à Bytedance Europe à Dublin avant de démissionner en catastrophe six mois plus tôt. Il avait accepté de la rencontrer à l'ambassade de France à Berlin. « C'est le seul endroit où je suis sûr qu'ils ne pourront pas nous écouter, » avait-il dit dans un anglais parfait, mais teinté d'un accent mandarin qui rendait chaque « r » un peu plus dur, un peu plus définitif.

Elle avait pris le train. Pas l'avion. L'avion, c'était trop de données à scanner, trop de portiques, trop de contrôles. Le train de nuit Paris-Berlin, dans un compartiment couchette qu'elle partageait avec une Allemande qui ronflait comme une tronçonneuse. Elle n'avait pas dormi. Elle avait relu les documents, imprimés sur papier — pas d'écran, pas de risque. Elle les avait appris par cœur, ces Cahiers de censure qui n'étaient pas vraiment des cahiers, mais un wiki interne, mis à jour en temps réel par des centaines de modérateurs à travers le monde.

Le rendez-vous était fixé à 10h00, avant que l'ambassade ne ferme ses portes aux visiteurs. Wei l'attendait dans la salle des pas perdus, assis sur un banc en bois sous un portrait de Macron souriant comme un vendeur de Renault. Il était plus jeune qu'elle ne l'imaginait. Des lunettes rondes, une veste en jean, des baskets. L'apparence d'un étudiant, pas d'un lanceur d'alerte. Mais ses yeux... ses yeux avaient cette qualité qu'Amélie reconnaissait maintenant. Le regard de ceux qui ont vu l'intérieur de la machine et qui ne sont jamais vraiment revenus.

« Vous avez les documents ? » avait-il demandé sans préambule.

Elle avait sorti un classeur. Des copies papier. Wei avait feuilleté, les doigts tremblant légèrement. « C'est ça. Les vrais Cahiers. La version qu'ils montrent aux régulateurs européens est expurgée. Ici, vous avez la version complète. »

Il avait pointé une page. « Lisez ça. »

Elle avait lu. Le texte, en français, était glacé de précision :

Section 7.4.2 – Contenu dépressif chez les mineurs (13-17 ans)

Ne pas interférer avec les contenus à caractère dépressif si engagement > 30% et temps de visionnage > 2 minutes. Ces contenus sont classés "high rétention" et font partie du pool de test pour la stratégie "Resilience Check". Les signalements manuels doivent être ignorés si le créateur a plus de 10 000 abonnés. Pour les créateurs en dessous de ce seuil, appliquer un shadowban temporaire de 24h maximum, puis restaurer sans explication.

« Resilience Check, » répéta Wei. « C'est leur nom de code. »

« Pour quoi ?

— Pour tester la résistance sociale. Vous voyez, Douyin en Chine, c'est ultra-contrôlé. Pas de contenu dépressif. Pas de suicide. Pas de défi stupide. Parce que le gouvernement chinois ne veut pas d'instabilité. Mais TikTok, c'est l'export. C'est le labo. L'Europe, c'est le terrain de test parfait. Démocratie faible, régulation lente, population jeune hyperconnectée. Ils lancent des contenus pour voir jusqu'où on peut aller. Si ça crée des morts, ils mesurent l'impact médiatique. Si le scandale est contrôlable, ils continuent. Si c'est trop gros, ils retirent et ils blâment l'algorithme. »

Il avait tourné une autre page. Une note de service, datée du 15 mars 2024, signée par un certain Li Zhang, VP Content Strategy.

Objet : Boost dépressif – Marché français

Compte tenu de la faible régulation du contenu suicidaire en France (loi Avia suspendue), nous recommandons une augmentation de 40% du push de contenus "melancholia" sur le segment 13-17 ans, zone Île-de-France. Objectif : atteindre 50 000 UT (Unités de Test) avec VI > 85 d'ici fin avril. Suivre les métriques : taux de conversion (dépression cliniquement avérée), taux de "self-harm" signalé, et bien sûr, taux de rétention. Ne pas oublier de lancer la campagne de PR "Mental Health" simultanément pour couvrir nos arrières.

« UT, Unités de Test. C'est leur mot pour les gamins. Les gamins sont des UT. » Wei avait craché ces mots comme s'ils étaient venimeux.

Amélie avait senti quelque chose se briser en elle. Pas la colère. Quelque chose de plus profond. La certitude que le monde qu'elle croyait connaître n'était qu'une façade, et que derrière, des types en costume décidaient du taux de dépression optimal pour maximiser le temps passé sur une appli. Elle avait pensé à Lila. À sa mère. Au "drame isolé". Lila était une UT. Un numéro. Une ligne dans un tableau.

« Et Douyin ? » avait-elle demandé, la gorge sèche.

Wei avait souri, mais c'était un sourire de fantôme. « Douyin, c'est la même base de code. Exactement la même. Les mêmes algorithmes, les mêmes fonctions. Seul le contenu change. En Chine, si vous postez une vidéo d'un couteau sur votre bras, vous êtes banni à vie, votre compte est signalé à la police, et on vient vous chercher. En Europe, on vous met en Une. C'est ça, la différence. L'algorithme ne fait pas de morale. Il fait du chiffre. En Chine, le chiffre, c'est la stabilité sociale. Ici, c'est l'engagement. Même machine, même code, même entreprise. Deux visages. »

Il avait sorti son propre téléphone. Un modèle obscur, une copie chinoise sans Google, sans services américains. Il lui avait montré une capture d'écran de Douyin. La page d'accueil, une fille qui dansait, des couleurs vives, de la musique joyeuse. « C'est ce qu'on appelle "la vitrine". Le contenu est sourcé par l'algorithme, mais il est validé par des censeurs humains. Si vous avez le malheur d'être triste sur Douyin, vous n'existez pas. Votre contenu n'est jamais diffusé. Vous êtes un fantôme. »

« Et sur TikTok ?

— Sur TikTok, être triste, c'est une niche. Une niche extrêmement rentable. Les gamins tristes, ils se connectent la nuit, ils restent des heures, ils likent, ils commentent, ils créent du contenu. C'est le Saint-Graal. Le Vulnerability Index, c'est pas un bug. C'est une fonctionnalité. »

Il y avait eu une pause. Dans la salle des pas perdus, un diplomate était passé, suivi d'un attaché commercial. Wei s'était tu, avait baissé les yeux, avait feuilleté les documents jusqu'à ce que l'homme disparaisse. « Ils nous écoutent partout, » avait-il murmuré. Même ici. Surtout ici. L'ambassade a des accords avec Bytedance. Les Chinois de la sécurité ont des backdoors dans les systèmes. »

Il avait montré une dernière page. Un organigramme. Bytedance en haut. Puis Douyin et TikTok, deux branches. Mais entre les deux, une flèche bidirectionnelle annotée : « Data feedback loop – Europe as social lab ». « Vous voyez ? Les données de TikTok alimentent Douyin. Les comportements de vos ados dépressifs, on les étudie pour voir comment éviter la même chose en Chine. Vos morts, c'est notre prévention. Vous êtes le cobaye. »

Amélie avait regardé l'heure. Il était 11h30. L'ambassade allait fermer. Elle avait rassemblé les documents, les avait remis à Wei. « Gardez-les. Si vous les avez, je ne suis pas la seule cible. »

Il avait hoché la tête. « Je vais les envoyer à trois journalistes différents. Hong Kong, New York, Londres. Si je meurs, personne ne peut tous nous tuer. »

Ils étaient sortis sur la Pariser Platz, face à la porte de Brandebourg. Le ciel de Berlin était d'un gris d'ardoise. Des nuages qui semblaient peser sur la ville comme un deuil. Wei lui avait serré la main. « Madame Vannier, ne croyez pas que c'est la Chine contre l'Occident. C'est Bytedance contre l'humanité. Et l'humanité perd. »

Il avait disparu dans la foule des touristes. Amélie était restée là, le classeur sous le bras, sentant le poids des preuves comme une veste de plomb. Elle avait pris le premier train de retour. Pas le direct. Un train avec trois correspondances, pour perdre toute filature. Elle avait changé de compartiment à chaque arrêt. Elle s'était assise dans des wagons différents, face à des inconnus qui ne voyaient en elle qu'une voyageuse fatiguée.

À son retour à Paris, elle avait trouvé son studio retourné. Pas cambriolé. Retourné. Les tiroirs ouverts, les livres sortis des étagères, les coussins déchirés. Mais rien n'avait disparu. C'était un message. « On sait où vous habitez. On sait ce que vous avez. On peut entrer. » Elle avait souri. Un sourire sans joie. La peur, elle l'avait laissée à Berlin, dans l'ambassade, dans les yeux de Wei. Ce qui lui restait, c'était la rage.

Elle s'était installée dans un hôtel miteux de Saint-Denis, payé en cash. Elle avait acheté un nouvel ordinateur, un Thinkpad d'occasion, sans webcam. Elle l'avait flashé avec Qubes OS, le système d'exploitation des paranoïaques. Elle avait copié les documents sur une carte SD qu'elle avait cachée dans un stick de rouge à lèvres.

Puis elle avait écrit. Elle avait écrit le chapitre 3 en trois jours, sans dormir, sans manger que des barres chocolatées et du thé noir. Elle avait tout calqué. Les Cahiers de censure. Organigramme. La note de Li Zhang. Les captures de Douyin. Les explications de Wei. Elle voulait que le lecteur comprenne que cette histoire ne commençait pas dans la chambre de Lila. Elle commençait dans les tours de verre de Pékin, dans les réunions stratégiques où des ingénieurs décidaient que la vie d'une adolescente française valait moins qu'un point de rétention.

Le chapitre s'achevait sur une dernière révélation. Wei lui avait glissé une note manuscrite dans le classeur, juste avant de partir. Elle l'avait découverte dans le train : « Le vrai nom du projet en Europe n'est pas Chimera. C'est Minotaur. Le monstre du labyrinthe. Parce que c'est ce qu'ils ont construit. Un labyrinthe de contenu où les jeunes entrent et ne ressortent jamais. »

Amélie avait fini le chapitre à 4h du matin. Elle l'avait intitulé « Les fantômes de Bytedance ». Parce que c'était ça. Des fantômes. Des enfants devenus des données. Des ingénieurs devenus des lanceurs d'alerte. Des mères devenues des combattantes. Et derrière, une entreprise qui n'avait pas de visage, pas d'âme, juste un algorithme qui optimisait la mort.

Elle avait sauvegardé le document sur trois supports. Elle avait programmé un envoi automatique si elle ne se reconnectait pas dans les vingt-quatre heures. Puis elle s'était couchée, enfin. Mais avant de sombrer dans un sommeil sans rêves, elle avait pensé à Lila. Une dernière fois. Pas à la mort. Mais à la vie. À sa vie. Parce que c'était ça, le but. Rappeler que derrière chaque UT, chaque cluster, chaque Vulnerability Index, il y avait une fille de quatorze ans qui voulait danser. Et qui avait été tuée par une chimère qui n'existait que pour être rentable.

# CHAPITRE 4 : Chasing the rabbit

Amélie avait toujours méprisé les expériences journalistiques à l'emporte-pièce, ces reporters où le journaliste se met en scène comme cobaye pour prouver l'évidence. Mais il y avait un moment où l'abstraction des documents, aussi terrifiants soient-ils, heurtait la réalité d'un mur. Elle avait les preuves de Wei, les confessions de Karim, les larmes de Céline. Mais elle n'avait pas vécu la chose. Elle n'avait pas senti l'algorithme la serrer dans ses griffes. Elle n'avait pas éprouvé ce vertige qui transforme une fille de quatorze ans en UT-92,4, en "Unité de Test" prête à être convertie.

Elle avait donc décidé de suivre le lapin blanc jusqu'au fond du terrier. Pas avec son profil de journaliste trentenaire, abonnée à des comptes d'investigation et de protection des données. Non. Avec un profil vierge. Une adolescente de quatorze ans, seule, en détresse, exactement comme Lila.

Elle avait préparé son matériel avec la précision d'un trader préparant un coup financier. Un iPhone neuf, acheté cash à un revendeur du marché aux puces de Saint-Ouen. Une carte SIM prépayée, achetée dans un tabac du XIIIe où le vendeur ne regardait même pas la carte d'identité. Un profil Instagram existant, créé trois mois plus tôt, qu'elle avait laissé mijoter avec des photos de paysages, des stories de chats, rien de personnel. Une identité : "Léa Dubois", 14 ans, collégienne en 3e, vit avec sa mère à Clichy-sous-Bois, adore le dessin et la K-pop, mais a des "moments difficiles". Elle avait choisi Clichy-sous-Bois pour sa banalité statistique. Un territoire oublié, parfait pour se fondre dans la masse.

Le jeudi 7 novembre à 22h47 — l'heure exacte où Lila avait regardé sa dernière vidéo — Amélie, sous le nom de Léa, avait téléchargé TikTok. Elle avait créé le compte, validé l'email jetable, coché les cases sans les lire. L'application avait démarré avec ce logo qui dansait, cette musique enjouée, cette promesse d'un univers de possibles. Bonjour Léa, bienvenue sur TikTok, qu'aimes-tu ?

Elle avait répondu. Danse. Musique. Mode alternative. Dessin. Elle avait été vague. Pas de suicide, pas de dépression. Rien qui puisse paraître forcé. Elle voulait que l'algorithme la découvre, pas qu'on la lui impose. Elle avait passé vingt minutes à faire défiler le fil "Pour toi", en likant une vidéo sur trois, en s'arrêtant sur les danses, en passant vite sur les trucs trop joyeux, trop mainstream. Elle avait commenté une vidéo d'une fille qui dessinait : "J'adore, ça me détend." Elle avait posté sa première vidéo le samedi suivant. Un timelapse de son dessin, une heure de travail compressée en trente secondes, avec une musique de piano triste qu'elle avait trouvée dans la bibliothèque sonore de l'appli. Elle n'y avait mis aucun hashtag. Elle voulait voir si l'algorithme la trouverait.

Il l'a trouvée. En trois heures. 3h du matin, le téléphone avait vibré. 47 likes. 12 commentaires. "Trop beau ❤", "T'as du talent", "Viens voir mon profil". Des commentaires génériques, des bots probablement. Mais aussi, un message privé. "@DarkAngel_666 vous a envoyé un message". Elle avait cliqué. Le message disait : "Ton dessin il parle du vide. Moi aussi. On est pas seules. Viens dans mon live à 4h." Elle n'y était pas allée. Elle avait noté. C'était un test. La première offre. Elle avait refusé.

Le deuxième jour, elle avait modifié son comportement. Elle s'était connectée à 2h du matin. Elle avait liké des vidéos de filles qui pleuraient en silence, celles où le titre était juste un point. Elle avait regardé une vidéo de coupe sur le bras jusqu'au bout. 2 minutes 34. Elle avait commenté, d'une main qui tremblait pour de vrai : "J'ai envie de le faire." Elle avait laissé son téléphone allumé toute la nuit, la caméra vers le plafond, pour simuler une présence passive. L'algorithme aimait ça. Les données de présence, même inerte, alimentaient le modèle.

Le fil s'était transformé. En douceur, insidieusement. Les vidéos de danse joyeuses avaient disparu. À leur place, des filles en noir et blanc qui se filmaient dans des miroirs salis. Des gars qui parlaient de leur "dernier jour". Des "POV : tu décides de partir". Des "Storytime : j'ai essayé de me tuer". Elle avait tout enregistré. Pas avec le téléphone. Avec un appareil photo numérique qu'elle avait fixé sur un trépied, filmant l'écran du téléphone. Parce que les captures d'écran, TikTok le savait. Il le notait. Et il changeait le comportement. Karim lui avait dit : "L'appli peut détecter les enregistrements d'écran. Elle se met en mode 'safe' quand ça arrive. Il faut un intermédiaire optique." Elle avait donc filmé. Trois heures de vidéo le deuxième jour. Six heures le troisième.

Le troisième jour, le mercredi, le téléphone de Léa était devenu un compagnon de défait. Elle s'y connectait sans y penser, le doigt glissant d'un réflexe, l'œil collé à l'écran. Elle avait ressenti ce que Lila avait dû ressentir. Ce vertige. Ce mélange de répulsion et d'addiction. Les vidéos étaient de pire en pire. Des filles qui se filmaient en train de vomir, fières de leur "streak de jeûne" (12 jours, 15 jours, 21 jours). Des garçons qui montraient leurs bras zébrés comme des trophées. Des "défis" qui n'étaient plus des métaphores. Un type avec un masque de lapin qui disait : "Tu veux voir la dernière danse ? Viens en DM." Elle y était allée. Le DM contenait un lien vers un Discord. Elle n'avait pas cliqué. Elle avait noté l'URL. Elle avait envoyé un signalement à TikTok. Automated response : "Nous avons bien reçu votre signalement. Nous étudions." Le compte du lapin était toujours là. Vérifié. 340 000 abonnés.

Elle avait créé une base de données. Sur papier. Vieille méthode, mais sécurisée. Chaque vidéo, son ID, son créateur, son nombre de vues, le taux d'engagement. Elle avait calculé. Sur 200 vidéos visionnées en 72 heures, 183 étaient classées "dark content" par Karim. Soit 91,5%. Le taux de conversion — passage d'une vidéo "triste" à une vidéo "suicidaire explicite" — était de 67% après 24h. Elle avait ses preuves.

Elle avait voulu publier. Jeudi soir, elle s'était connectée sur son compte Twitter journalistique depuis son ordinateur principal. Elle avait rédigé un thread. "THREAD / J'ai passé 72h sur TikTok en me faisant passer pour une ado dépressive. Voici ce que j'ai découvert.

Preuves à l'appui." Elle avait attaché trois vidéos, des extraits de ses enregistrements, floutés pour les visages, mais avec les pseudos visibles. Elle avait cliqué sur "Tweet".

Rien ne s'était passé. Pas d'erreur. Pas de message. Juste un rafraîchissement de la page. Son compte avait disparu. Pas bloqué. Effacé. "Cet utilisateur n'existe pas". Elle avait tenté de se reconnecter. Mot de passe incorrect. Elle avait tenté la récupération. L'email de récupération n'était jamais arrivé. Elle avait vérifié son adresse ProtonMail. Déconnectée. Mot de passe changé. Elle avait tenté d'appeler son rédacteur en chef. Son téléphone professionnel avait sonné. Un robot. "Le numéro que vous avez composé n'est pas attribué."

Puis son téléphone personnel avait vibré. Un SMS d'un numéro inconnu. Elle l'avait ouvert. Une vidéo. Elle-même, dans son studio, filmée par la fenêtre. La vidéo était datée d'il y a cinq minutes. Le message disait : "Stop chasing the rabbit, Amélie. Tu es déjà dans le terrier."

Ils l'avaient trouvée. Pas parce qu'elle avait été maladroite. Mais parce qu'elle avait été prédite. L'algorithme avait dû détecter une "UT" qui se comportait "anormalement". Une Unité de Test qui enregistrait, qui notait, qui ne pleurait pas vraiment. Elle avait été flaggée. Un modérateur humain avait dû vérifier. Et il avait reconnu sa photo de profil LinkedIn. L'ingénieure sécurité de Bytedance avait un algorithme de reconnaissance faciale qui scrutait les vidéos d'écran. Karim lui avait parlé de ça. "Ils savent quand vous les filmez. Ils savent."

Elle avait éteint le téléphone de Léa. L'écran était devenu noir, mais elle voyait son reflet dedans. Un visage qu'elle ne reconnaissait plus. Les yeux cernés, les joues creuses, la bouche pince. Elle avait l'air d'une UT. Elle avait l'air de Lila.

Elle s'était levée. Elle avait débranché tout. Son routeur, son ordinateur, son téléphone. Elle avait couché des serviettes sur les fenêtres. Elle s'était cachée dans sa salle de bain, la seule pièce sans caméra possible. Elle avait pris le vieux Nokia de Karim, celui qu'il lui avait donné. Il ne fonctionnait plus, mais elle pouvait y glisser la carte SIM de Léa. Elle l'avait fait. Un message était arrivé. Automatique, de TikTok. "Bonjour Léa, on a remarqué que tu n'étais pas connectée depuis 2h. Tu nous manques ❤."

Le cœur était là, emoji rouge pétant. Le cœur qui lui manquait à l'algorithme. Le cœur qui comptait les morts en taux d'engagement.

Elle avait respiré. Profondément. Elle avait pensé à toutes les protections qu'elle avait mises en place. Les mails programmés, les USB cachés, les copies chez Céline, chez son avocat, dans le coffre de la gare. Elle avait pensé à Karim. Il était probablement déjà mort, ou en fuite. Elle avait pensé à Wei. Lui aussi avait disparu. Elle avait tenté de l'appeler. Boîte vocale. Always.

Elle avait rouvert l'ordinateur, en mode démarrage minimal, sans wifi. Elle avait branché le USB de Karim. Elle avait ouvert un fichier qu'elle n'avait pas vu avant. Un README.txt. "If you are reading this, they know. Don't run. Attack. Publish everything. Now."

Il y avait une adresse IP. Un port. Une clé SSH. Un accès à un serveur de repli. Elle avait débranché, avait pris son ordinateur, était sortie. Pas par la porte. Par la fenêtre de service, sur l'escalier de secours. Elle avait trotté dans les rues de Saint-Denis, serrant le Thinkpad comme une bombe. Elle était allée au McDo, celui du métro, là où le wifi était gratuit et anonyme. Elle s'était connectée au Tor du MacBook de la salle. Elle avait uploadé. Tout. Les vidéos de Léa, les captures, les analyses, les documents de Wei, les confessions de Karim. Tout sur un serveur. Onion, celui du New York Times, leur propre SecureDrop.

L'upload avait duré douze minutes. Douze minutes où elle a senti chaque seconde comme une goutte de poison. L'écran a affiché "Upload complete" à 4h47. L'heure de la mort de Lila.

Son téléphone a vibré. Deux messages. Le premier, du NYT : "We received your files. We are reviewing. Stand-by." Le second, du même numéro inconnu : "Too late. You're the rabbit now."

Elle était retournée chez elle à pied. Il faisait jour. Le ciel était d'un gris de zinc. Elle avait trouvé son studio vidé de ses papiers. Pas cambriolé. Nettoyé. Les USB avaient disparu. Son carnet de notes aussi. L'ordinateur principal, intact, mais formaté. Un mot sur la table, imprimé sur du papier A4, avec le logo de TikTok. "Merci pour votre collaboration. Votre expérience utilisateur a été précieuse. Nous vous souhaitons bonne continuation."

Le chapitre 4 s'achevait là. Sur ce mot. Sur cette menace déguisée en remerciement corporatiste. Sur cette certitude qu'elle n'était plus la chasseuse, mais la proie. Qu'elle avait suivi le lapin, mais que le terrier était en réalité une gueule de monstre.

Quand Céline Garnier avait frappé à sa porte à 10h du matin, Amélie lui avait ouvert les yeux injectés de sang. Elle avait dit : "Ils étaient là." Céline avait compris. Elle n'avait pas besoin de plus. Elle avait juste serré Amélie dans ses bras, et elles étaient restées là, sous le seuil de la porte fracturée de la vie d'Amélie, à pleurer en silence pour Lila, pour Karim, pour Wei, pour toutes les UT qui ne savaient pas qu'elles étaient déjà mortes aux yeux de la machine.

# CHAPITRE 5 : Les lobbys de la forêt

La journée où Amélie comprit que son enquête n'était plus seulement une chasse aux fantômes numériques mais une confrontation avec le pouvoir réel — celui qui s'assied dans les salons feutrés, qui signe les décrets et fabrique les lois — commença par une lettre. Pas un email, pas un message chiffré, mais une lettre. Enveloppe blanche, papier épais de qualité, cachet de la Poste avec la date du 14 novembre 2024. L'adresse de l'expéditeur était floue, imprimée avec une police de machine à écrire : « Club de l'Elysée, 34 rue de l'Université, 75007 Paris. »

Elle l'ouvrit dans l'escalier de l'hôtel miteux de Saint-Denis où elle s'était réfugiée depuis que son studio avait été nettoyé par des mains invisibles. Le papier sentait l'encre chère et le mensonge. Le message était bref, sans fioritures :

« Madame Vannier,

Nous avons suivi votre travail avec intérêt. Vous manquez d'informations cruciales. Venez demain à 19h00. Entrée des cuisiniers. Demandez Monsieur Verdier. Ne téléphonez à personne. »

Pas de signature. Pas de menace explicite. Juste une invitation à entrer dans la forêt. Parce que le Club de l'Elysée, elle en avait entendu parler. C'était l'ombre du pouvoir, le soft power de la tech française, cette nébuleuse de conseillers, d'anciens ministres, de "thinkers" qui décidaient de l'avenir du pays entre deux coupes de champagne. Mais elle n'avait jamais réussi à le cartographier. Il était comme Bytedance : partout et nulle part. Une structure informelle, sans statuts, sans comptes publics, juste un nom qui surgissait parfois dans les fuites de Mediapart ou les révélations de Disclose. Et maintenant, il lui tendait une perche.

Elle y alla. Parce qu'on n'invite pas un journaliste chez soi si on veut le faire taire. On l'attaque, on le discrédite, on le fait virer. L'invitation, c'était soit une erreur de débutant, soit une offre. Elle paria sur la seconde option. A 18h30, elle était devant le 34 rue de l'Université. Un hôtel particulier du XVIIIe siècle, façade en pierre de Taille, fenêtres à meneaux, porte cochère fermée par une grille de fer forgé. Elle n'entra pas par la grande porte. Elle contourna le bâtiment, trouva la ruelle latérale, une porte de service en métal. Elle frappa. Un homme en costume noir, oreillette, lui ouvrit. Il ne lui demanda pas son nom. Il la fit entrer dans une cuisine immense, toute en inox et en marbre, où des chefs en toque préparaient des amuse-bouche qu'elle ne pourrait pas payer avec six mois de salaire. "Monsieur Verdier vous attend dans le salon de la bibliothèque. Suivez-moi."

Le trajet fut un parcours de santé du pouvoir. Des couloirs aux tapis orientaux, des tableaux de maîtres aux murs, des pièces où des hommes en costume trois pièces discutaient à voix basse autour de cartouches de cigares. Elle les reconnaissait. Un ancien ministre de l'Économie, devenu président d'une banque d'affaires. Un ex-secrétaire d'État au Numérique, désormais consultant pour trois start-ups unicorn. Un député, membre de la commission des affaires étrangères, qui riait en serrant la main d'un homme qu'elle identifia comme directeur des affaires publiques de TikTok France. Elle les vit en silhouette, des ombres qui s'échangeaient des sourires et des promesses.

Le salon de la bibliothèque était un sanctuaire. Des murs couverts de livres anciens dont aucun ne semblait jamais ouvert, un bureau Empire, des fauteuils en cuir qui craquaient sous le poids de l'histoire. Derrière le bureau, un homme d'une soixantaine d'années, cheveux argentés, costume bleu nuit impeccable, regard d'aigle. Il se leva, tendit la main. "Amélie Vannier. Je suis Pierre Verdier. Bienvenue au Club."

Il n'était pas ancien politique. Il était pire. Il était celui qui fabrique les politiques. Ancien directeur de cabinet de l'Élysée sous le quinquennat précédent, il avait créé le Club de l'Elysée en 2021, "pour réfléchir au futur de la souveraineté numérique française". Il ne l'avait pas fait dans son garage. Il l'avait fait ici, avec des fonds. Des fonds qu'elle était là pour décompter.

"Je sais pourquoi vous êtes venue, dit-il sans qu'elle ait ouvert la bouche. Vous pensez que nous sommes les méchants de l'histoire. Les lobbys, la corruption, le grand capital." Il sourit, un sourire de prédateur qui sait que sa proie est piégée mais joue encore à la conversation polie. "Vous avez raison. Et vous avez tort."

Il lui fit signe de s'asseoir. Il sortit un dossier. Papier épais, relié cuir. "C'est pour vous. Une lecture de chevet. Vous y trouverez les comptes du Club. Les vrais. Pas ceux que nous déclarons à la HATVP." La Haute Autorité pour la transparence de la vie publique. L'organisme censé traquer les conflits d'intérêt. Un panneau publicitaire.

Elle ouvrit le dossier. La première page fut une claque. Un virement de 12 millions d'euros. Date : 3 janvier 2024. Expéditeur : Bytedance Europe Holdings, Dublin. Destinataire : Association du Club de l'Elysée. Objet : "Contribution à la réflexison sur l'innovation technologique et la souveraineté culturelle française". Le mot "réflexison" était mal orthographié, comme si le comptable chinois avait tapé trop vite, ou comme si le mépris était tel qu'ils ne prenaient même pas la peine de relire.

"Douze millions, reprit Verdier en se versant un whisky qu'il ne lui offrit pas. C'est le prix de la discrétion. Bytedance sait que vous êtes sur leur dos. Ils savent que vous avez Karim. Ils savent que vous avez Wei. Et ils savent que vous êtes assez intelligente pour comprendre que l'affaire Lila n'est pas un bug, mais un business model. Ils nous ont payés pour que nous le faisions comprendre aux bonnes personnes. Aux personnes qui signent les décrets, qui votent les lois, qui font taire les journalistes quand ils deviennent trop bruyants."

Il but une gorgée. Le bruit du verre sur le bois du bureau résonna comme un glas. "Vous avez voulu savoir pourquoi la loi Avia a été censurée par le Conseil constitutionnel ? Pourquoi la proposition d'interdiction de TikTok pour les moins de 16 ans a disparu du projet de loi "Sécurité globale" ? Pourquoi le rapport sénatorial sur les réseaux sociaux n'a jamais été rendu public ? La réponse est là." Il tapota le dossier. "C'est nous. Nous avons convaincu. Nous avons argumenté. Nous avons montré les études que Bytedance payait des professeurs de Sciences Po pour écrire. Des études qui démontraient que TikTok réduisait le chômage des jeunes, développait l'entrepreneuriat, renforçait la cohésion sociale dans les quartiers. Des conneries. Mais des conneries bien écrites."

Amélie écoutait, les dents serrées. Elle n'avait pas sorti son enregistreur. Elle savait qu'ici, ça ne servirait à rien. Les murs devaient avoir des brouilleurs, des capteurs, des mouches. Elle écrivait dans sa tête, chaque mot gravé à l'acide. "Vous me menacez ?"

Verdier rit. Un rire franc, presque amical. "Au contraire. Je vous informe. Vous croyez que votre enquête va changer quelque chose ? Vous avez des preuves. Génial. Moi aussi j'ai des preuves. J'ai les emails du ministère de l'Intérieur qui demandent à TikTok de 'modérer discrètement' les contenus sur les Gilets Jaunes. J'ai les PV de la CNIL où on explique qu'on ne peut pas trop sanctionner Bytedance parce que ça ferait fuir les investisseurs chinois. J'ai les comptes de campagne de trois députés qui ont reçu des 'dons' de l'Association des Amis de TikTok. Vous n'êtes pas la seule à savoir. Vous êtes juste la seule à vouloir tout balancer."

Il sortit une clé USB de sa poche. Il la posa sur le bureau, entre eux. "Là-dedans, il y a les emails. Vos emails. Ceux que vous avez échangés avec Karim, avec Wei. Avec Céline Garnier. Vous voyez, nous aussi on fait des enquêtes. On a suivi vos traces numériques. On a infiltré votre réseau. Pas avec des hackers. Avec des warrants légaux. Parce que TikTok est partenaire du renseignement français dans le cadre de la lutte antiterroriste. Vos données, nous les avons. Votre localisation, vos contacts, vos sources. Tout."

Le cœur d'Amélie manqua un battement. Mais pas de peur. De colère. Parce qu'il mentait. Il ne pouvait pas avoir les échanges qu'elle avait faits sur le Nokia de Karim. Pas les rendez-vous dans le parking.

Mais il avait le reste. Suffisamment pour la faire taire. "C'est de l'extorsion."

"C'est de la politique, madame Vannier. Vous voulez une histoire ? Une histoire de vainqueur ? De justice ? De vérité qui triomphe ? Je vous la donne. Mais elle a un prix. Vous publiez votre livre. Vous y mettez tout. Les preuves, les morts, Project Chimera. Et nous, nous faisons en sorte que personne ne le remarque. Qu'il sorte en même temps qu'une réforme des retraites, qu'une crise gouvernementale, qu'un scandale sexuel dans la mairie de Paris. Il sera lu par mille personnes. Faites comme ça, et vous vivez. Vous continuez à écrire. Vous avez même un prix. Refusez, et vous êtes une paria. Une conspirationniste. Une femme qui voit des algorithmes partout. Votre carrière est finie. Et peut-être que votre vie aussi. Pas de notre fait. Mais des accidents arrivent. Des dépressions. Des drames isolés."

Il la regarda droit dans les yeux. "Vous avez vingt-quatre heures."

Amélie prit la clé USB. Elle ne dit rien. Elle sortit du salon, traversa de nouveau les couloirs du pouvoir, sentit les regards se poser sur elle comme des taches de peinture acide. Elle sortit dans la rue, la nuit était tombée. Elle marcha jusqu'au métro, les jambes flageolantes, mais l'esprit clair comme de l'eau de roche.

Dans son hôtel de Saint-Denis, elle branche l'USB sur son ordinateur sécurisé. Il y a deux dossiers. "Emails_Vannier" et "Club_Elysee_Hidden". Elle ouvre le second. Et là, l'horizon s'élargit. Des emails entre Verdier et le cabinet du Président. Des échanges avec des députés. L'ancien conseiller numérique, celui-là même qui avait rédigé la loi Avia, devenu consultant pour TikTok à 15 000 euros par jour. L'évocation de l'interdiction, le 12 mars 2024. Le rapport du CSA qui recommandait une suspension pure et simple de la plateforme pour les moins de 16 ans. Puis les réunions. Les "contributions". Les "partenariats". Les promesses d'investissement d'un milliard d'euros dans "l'écosystème des créateurs français".

L'email final, celui qui terrassa Amélie, était daté du 5 juin 2024. Verdier au ministre de la Culture : "Comme convenu, nous retirons la proposition de loi d'interdiction. En échange, Bytedance s'engage à créer un 'Fonds pour la création française' de 12 millions d'euros, géré par le Club de l'Elysée. Veuillez trouver ci-joint le projet de communiqué conjoint. Bien cordialement."

Le projet de communiqué était là. "Le Gouvernement et TikTok s'allient pour la souveraineté créative des jeunes français". L'impudence était telle qu'Amélie éclata de rire. Un rire qui se transforma en sanglots. Parce qu'elle comprenait. Lila Garnier, les 73 morts de Project Chimera, Wei, Karim, elle-même... Ils n'étaient pas des victimes d'un bug. Ils étaient les coûts cachés d'une transaction. Douze millions d'euros. Le prix de la vie de Lila, et de soixante-douze autres, plus quelques vies de lanceurs d'alerte. Douze millions. C'était moins que le salaire annuel de Verdier. Moins que la rénovation d'un seul étage de l'Elysée.

Elle ferma l'ordinateur. Elle regarda par la fenêtre de son hôtel, le trafic de Saint-Denis qui bruissait, les lumières des tours qui clignotaient. Elle pensa à Lila, à sa mère, à toutes les mères qui pleuraient des enfants qu'on avait vendus pour douze millions d'euros et une promesse d'investissement.

Le chapitre 5, elle l'écrirait en une nuit. Elle le nommerait "Les lobbys de la forêt". Parce que c'était ça. Une forêt où les arbres se ressemblent tous, où les chemins sont tracés à l'avance, où les proies — les journalistes, les enfants, la vérité — sont égarées, dévorées, sans que personne ne voie rien. La forêt du pouvoir, de l'argent, de l'indifférence programmée.

Elle sauvegarderait tout. Sur vingt supports différents. Elle enverrait les emails à Mediapart, au Monde, au NYT, à Der Spiegel, à tout le monde. Elle ne serait plus seule. Elle ne serait plus une UT. Parce que le pire cauchemar de Verdier, c'était ça : que la forêt prenne feu. Et que les flammes soient si hautes que même ceux dans leurs salons feutrés sentent la chaleur.

Le chapitre 5 était la clef de voûte. Celui qui expliquait pourquoi Lila était morte. Pas à cause d'un algorithme fou. Mais à cause d'un choix. Un choix politique. Un choix d'État. Un choix de vendre ses enfants pour douze millions et une photo de groupe au sommet.

Amélie se coucha à l'aube, le regard fixe. Demain, elle publierait. Demain, le monde saurait. Et si demain était son dernier jour, au moins, elle ne serait pas une anomalie statistique. Elle serait une erreur dans leur tableau. Une erreur qui coûte trop cher.

Le livre n'était presque fini. Mais la guerre, elle, commençait vraiment.

# CHAPITRE 6 : Marie, 12 ans, 3 millions de vues

Le premier email de la mère de Marie était arrivé à 2h47 du matin. Amélie le découvrit en se reconnectant à son compte ProtonMail via le réseau Tor d'une bibliothèque universitaire de Nanterre, où elle s'était réfugiée depuis que son hôtel de Saint-Denis avait reçu la "visite" du Club de l'Elysée. L'objet était découpé comme un appel au secours : "MA FILLE DEVIENT UNE AUTRE PERSONNE / AIDEZ-MOI". Le corps du message était une décharge émotionnelle brute, sans ponctuation, avec des fautes d'inattention qui trahissaient une femme qui tapait sur son téléphone en pleurant. "Elle a douze ans elle gagne quinze mille euros par mois elle ne dort plus elle filme des choses je ne comprends pas son père est fier moi jai peur elle n'est plus ma fille."

Amélie avait mis vingt minutes à déchiffrer le message, non pas par sa complexité, mais par sa densité de détresse. Elle avait répondu en trois lignes, sobres, directes : "Je reçois. Ne touchez à rien. Ne supprimez rien. Je vous appelle demain à 20h sur un numéro masqué." Puis elle avait fermé l'ordinateur, était rentrée chez Céline Garnier, qui lui avait prêté un canapé depuis que son propre logement était devenu une scène de crime numérique. Elle avait posé la tête sur un oreiller qui sentait la lessive et la mort, et s'était endormie en se disant que Lila n'était pas un cas unique. Elle était le symptôme d'une épidémie. Et Marie était le visage de la mutation.

Le lendemain, à 20h tapante, Amélia appelait depuis une cabine téléphonique de la gare du Nord — ou ce qu'il en restait, une cabine vandalisée, le combiné collé de chewing-gums, mais le réseau filaire, lui, était intact, imperméable aux écoutes numériques. La voix au bout du fil était celle d'une femme d'une quarantaine d'années, fatiguée, esseulée. "Madame Vannier ? C'est Hélène. Hélène Mercier. Je suis la mère de Marie."

"Donnez-moi tout, Hélène. Depuis le début."

Et le début remontait à juin 2023. Marie avait onze ans. Une gamine comme les autres, collège public de Montreuil, bonne élève, un peu ronde, des taches de rousseur, un rire qui éclatait comme du champagne. Elle dansait dans sa chambre, comme toutes les filles de son âge, filmée par son père sur son vieil iPhone. Il avait posté la vidéo sur TikTok, sans y croire, juste pour rigoler. "Ma fille qui cartonne sur du SZA". Il l'avait oubliée. Trois jours plus tard, la vidéo avait dépassé le million de vues. Des likes à la pelle. Des commentaires élogieux. "Elle a du talent", "Faites-la danser plus". Et puis un message privé. "@TalentManager_Leonie. Je gère des micro-influenceurs. Votre fille a un potentiel. Appelons-nous."

Le père, Jean-Marc, était commercial dans la tech. Il comprenait les mécanismes. Il voyait le potentiel. Quinze mille euros par mois, ça faisait une différence. Hélène, elle, était assistante dentaire. Elle voyait sa fille, pas un produit. Mais le père décida. Un contrat fut signé. Pas avec TikTok directement. Avec une agence interposée, une "agence de digital influence" basée à Miami, qui avait une antenne à Paris dans un coworking du Marais. Le contrat était court, trois pages, anglais juridique dense. Hélène n'avait rien compris. Jean-Marc non plus, en fait, mais il avait vu le chiffre : 15 000 € nets par mois, contre cinq vidéos par semaine, plus deux stories par jour. "C'est du contenu léger, avait dit la manager Léonie. Danse, mode, lifestyle. Rien de dangereux."

Le contrat, Amélie le récupéra le soir même, sous forme de photos prises par Hélène sur son téléphone, juste avant que Jean-Marc ne le range dans un coffre qu'elle ne pouvait pas ouvrir. "Il ne veut pas que je le montre. Il dit que c'est confidentiel. Mais j'ai fait des photos pendant qu'il dormait." Les photos étaient floues, prises à la hâte, mais lisibles. Amélie les imprima sur du papier, les étala sur la table de Céline, et se mit à lire, ligne par ligne, clause par clause. Et ce qu'elle y vit la fit frissonner.

Le contrat ne parlait pas de "danse". Il parlait de "création de contenu émotionnellement engageant pour la tranche d'âge 13-25 ans". Il stipulait que "l'influenceuse accepte de suivre les directives de contenu fournies par l'agence, basées sur l'analyse prédictive de l'audience". Il y avait une clause d'exclusivité : "L'influenceuse ne pourra publier sur aucune autre plateforme sans accord écrit." Une clause de confidentialité : "Les termes du présent contrat sont soumis au secret professionnel le plus strict, sous peine de dommages et intérêts équivalent à dix fois la rémunération annuelle." Et surtout, une clause de "performance" : "La rémunération est indexée sur le taux d'engagement (likes, commentaires, partages) et le temps de visionnage. Si l'engagement diminue de plus de 20% sur trois mois, l'agence se réserve le droit de résilier le contrat sans préavis, et l'influenceuse devra rembourser les sommes perçues."

Hélène, au téléphone, pleurait. "Je savais pas. Je lisais pas l'anglais. Jean-Marc, il disait que c'était standard. Il disait qu'on devait faire confiance."

Mais la confiance, l'algorithme l'avait mangée. Les cinq vidéos de danse par semaine, vite faites, devinrent dix. Puis quinze. Léonie, la manager, appelait tous les jours. "Les chiffres sont bons, mais ils peuvent être meilleurs. Il faut plus d'émotion. Il faut que tu parles à ton public. Dis-leur que tu es seule parfois. Les gamines, elles adorent." Marie était douze ans. Elle ne savait pas ce que voulait dire "parler à son public". Elle savait danser. Mais Léonie était insistante. "Tu peux faire une vidéo où tu pleures ? Pas vraiment, hein. Juste un peu. De la menthe dans les yeux. C'est pour le côté 'vulnérable'. Ça marchera."

Marie avait refusé. La première fois. "Ma fille, elle est pas une comédienne, avait dit Hélène. Elle est pas là pour pleurer sur commande." Léonie avait haussé les épaules. "C'est comme ça que ça marche. Vous voulez les quinze mille ou pas ?"

Le père avait tranché. "Fais ce qu'elle dit, ma puce. C'est juste une vidéo." Marie avait pleuré pour de vrai cette fois. De désespoir. Le père avait filmé. La vidéo avait fait 3 millions de vues en une nuit. "Je suis seule", titre sobre, musique de Billie Eilish, visage de gamine en larmes. Les commentaires avaient afflué. "Je suis là pour toi", "On t'aime", "Ne pleure pas petite sœur". L'engagement avait explosé. Léonie avait envoyé un bonus : 5 000 euros.

C'était le début de la fin. Marie avait compris. Pour gagner, pour que son père soit fier, pour que l'argent continue, elle devait devenir. Devenir quoi ? Elle ne savait pas encore. Mais l'algorithme savait. L'algorithme voyait. L'algorithme lui soufflait. D'abord, des suggestions dans sa "page For You". Vidéos de filles plus âgées, 16 ans, 17 ans, qui dansaient de façon plus suggestive. Qui parlaient de leur "première fois". Qui montraient leur ventre, leurs cuisses. Rien de pornographique. Rien d'illégal. Juste de l'insinuation. Du "teasing". Du contenu "borderline".

Marie imita. Elle n'avait pas de ventre à montrer, pas de courbes. Mais elle avait douze ans, et pour une certaine audience, c'est justement ça, l'attrait. Léonie était ravie. "Le segment 'précoce' est super rémunérateur. Continue." Quand Hélène découvrit les commentaires — "T'es trop mignonne", "J'ai envie de te prendre dans mes bras", des messages privés de vieux avec des pseudos de jeunes — elle eut un haut-le-cœur. Elle demanda à Jean-Marc d'intervenir. "C'est normal, lui dit-il. C'est l'exposition. Il faut accepter. On peut pas contrôler qui regarde."

Mais on pouvait contrôler qui on montrait. Et l'algorithme, lui, choisissait. Il choisissait de montrer Marie à des hommes de 35-50 ans, dans la région parisienne, qui passaient des heures sur du contenu "jeune fille". Le Vulnerability Index de ces hommes n'avait pas d'importance. Ce qui comptait, c'était leur "temps de visionnage" sur Marie. 12 minutes par session. 8 vidéos en moyenne. Un taux de like de 47%. Des métriques de rêve.

Hélène avait tenté de couper. Elle avait demandé à Léonie de ralentir. "Ma fille dort plus. Elle a des crises d'angoisse. Elle vomit avant de filmer." Léonie avait répondu par un contrat addendum. "Si vous résiliez, vous devez rembourser 180 000 euros. C'est dans la clause de dédit-formation. On a formé votre fille. C'est un investissement."

Cent quatre-vingt mille euros. Le prix d'une maison. Le père avait calculé. Ils avaient déjà dépensé l'argent. Nouvelle voiture, nouvel appartement à Montreuil, vacances à Dubaï pour Noël. Ils étaient pris au piège. Et Marie aussi.

La dernière vidéo, celle que Hélène avait découverte par hasard en rentrant plus tôt du cabinet dentaire, était filmée dans la salle de bain. Marie, en sous-vêtements, se filmait dans le miroir. Elle se maquillait. Pas en gamine. En femme. Du rouge à lèvres foncé, du crayon noir, une posture qu'elle avait copiée sur des TikTok de filles de vingt ans. La légende : "POV : je suis prête pour vous." Elle lisait les commentaires à voix haute, comme si elle commentait une partie de jeux vidéo. "T'es belle", "Viens sur mon OnlyFans", "TGMD". TGMD. "T'as grave mangé de la bite". L'argot des ados. Elle souriait. Elle aimait ça. Elle confondait attention et affection, likes et amour.

Hélène avait arraché le téléphone des mains de sa fille. Elle l'avait giflée. La première fois de sa vie. Marie n'avait pas pleuré. Elle s'était juste regardée, les yeux vides. "Tu m'empêches de travailler", avait-elle dit. "Tu veux qu'on retombe en HLM ? C'est ça, ton problème ? Tu veux que papa me déteste ?"

Le mot "HLM" était sorti de la bouche d'une enfant de douze ans comme une malédiction. Comme si elle avait déjà intégré que le monde se divisait en deux : ceux qui ont des followers, et ceux qui ont froid dans leur chambre. Elle était devenue une économiste de son propre corps. Et elle avait fait le calcul : le corps valait plus que l'âme.

Amélie avait rencontré Marie deux jours plus tard. Pas chez elle. Dans un parc de Montreuil, à l'heure où les enfants sortent du collège. Hélène était là, les yeux cernés, fumant des cigarettes une après l'autre.

Marie arriva en retard, traînant les pieds, les yeux rivés sur son téléphone. Elle était petite, plus petite que ses douze ans. Elle portait un jean slim, des baskets de marque offertes par une marque partenaire, un sweat à capuche rose vif avec le logo de son propre pseudo TikTok brodé sur la poitrine : @MarieLovesDance.

Amélie l'avait regardée. Elle avait vu Lila. Pas le visage. L'absence. Ce regard qui ne vous voit pas, qui vous scanne pour détecter si vous êtes un follower potentiel, un concurrent, ou rien. Elle avait dit : "Bonjour Marie." L'enfant avait répondu d'un "cc" robotique, sans lever les yeux.

La conversation avait été un monologue d'Hélène interrompu par les grognements de Marie. "Elle ne mange plus. Elle se pèse trois fois par jour. Elle a des caprices, elle veut des vêtements de marque, du maquillage. Elle dit que c'est pour le 'contenu'. Moi je dis que c'est pour les pervers."

"Ce n'est pas des pervers, l'avait corrigée Marie, la voix monotone. C'est mon audience cible. Léonie l'a dit. Les 35-50 ans ont le plus d'argent à dépenser pour les produits partenaires. Il faut s'adapter."

Adaptation. Le mot résonnait comme une évolution darwinienne pervertie. Le plus fort ne survivait plus. Le plus adaptable au désir des autres survivait. Et Marie s'adaptait. Elle s'était coupée les cheveux, les avait décolorés. Elle portait des lentilles de couleur. Elle s'était faite piercer le nombril (avec une fausse déclaration d'âge, le salon ne posant pas de questions quand on payait cash). Elle était passée de "Marie, 12 ans, danseuse" à "@MarieLovesDance, 14 ans (officiellement), influenceuse lifestyle". Elle avait menti sur son âge sur son profil. TikTok ne vérifiait rien. L'important, c'était les chiffres.

Amélie lui demanda : "Tu aimes ça, Marie ?" L'enfant leva enfin les yeux. Elle avait des yeux de trente ans, durs, fatigués. "J'aime ce que ça donne. J'aime pas ce que c'est."

C'était la phrase la plus honnête qu'elle dirait. Elle expliqua ensuite que Léonie lui avait proposé un nouveau contrat. Un contrat "mature".

25 000 euros par mois. Contre des vidéos "plus intimes". Des "sessions Q&A en direct où tu réponds aux fans". Des "défis spéciaux". Elle n'en dit pas plus, mais son silence en disait assez. Hélène sanglota. "J'ai signé. J'ai signé sans voir. Je suis une mère indigne."

Amélie ne la jugea pas. Elle savait. Elle savait que le piège était si bien construit que même les parents les plus attentifs y tombaient. Il y avait tout un vocabulaire pour ça. "Épanouissement créatif". "Autonomisation des jeunes". "Entrepreneuriat digital". Des mots qui masquaient la réalité : la vente de l'enfance au plus offrant.

Le soir même, Amélie regarda le compte TikTok de Marie. Elle ne le fit pas depuis son appareil. Elle utilisa un ordinateur public de la médiathèque de Montreuil, avec un VPN et un profil incognito. Elle tapa le pseudo. La page s'ouvrit. 3,2 millions de followers. Le chiffre clignotait comme un score vidéoludique. La dernière vidéo était postée il y a trois heures. Marie, en short de cycliste, dansant sur un son hypersexualisé, faisant des mouvements de hanche qu'aucune fille de douze ans ne devait savoir faire. La légende : "POV : tu attends qu'il rentre." Les commentaires étaient un fleuve de déjections. "T'es bonne", "J'ai hâte", "Viens privé". Il y avait aussi des commentaires de préadolescents, des filles de son âge qui écrivaient "T'es belle", "Je veux être toi". De la jalousie. De l'identification. Du mimétisme.

Amélie compta. Sur cent commentaires, vingt étaient des menaces sexuelles explicites qu'elle pourrait transmettre à la police. Soixante étaient des éloges qui confortaient Marie dans la normalité de ce qu'elle faisait. Vingt étaient de purs bots, des "���" automatiques. Elle scrolla plus bas. Les vidéos précédentes. Une où Marie "répondait aux questions des fans". Une question : "Tu as déjà embrassé un garçon ?" Réponse de Marie, candide, presque clinique : "Non, mais j'aimerais bien. Vous en connaissez qui voudraient ?" Ces mots-là, d'une fille de douze ans, lus par trois millions de personnes. L'algorithme avait boosté la vidéo. 5,7 millions de vues. Parce que l'engagement était énorme.

Des hommes qui commentaient. Des gamines qui imitaient. Des journalistes qui ne voyaient rien.

Amélie contacta Léonie. Pas directement. Elle créa un faux profil de marque, une agence de cosmétiques bidon, et demanda une collaboration. Léonie répondit en dix minutes. "@MarieLovesDance est disponible. Son tarif : 8 000 euros par vidéo. Elle peut faire du 'lifestyle intime', du 'morning routine', du 'GRWM' (Get Ready With Me). Elle est très polyvalente." Amélie demanda son book. Léonie envoya un PDF. Des photos de Marie, maquillée, habillée comme une adulte, posant sur un lit, dans une salle de bain, devant un miroir. Le PDF précisait l'âge : "14 ans (mineure, avec accord parental)". Le contrat type était là aussi. La clause de confidentialité. La clause de dédit-formation. Et une nouvelle clause, qu'elle n'avait pas vue chez les autres influenceurs : "Clause de personnalité : l'influenceuse accepte que son image soit utilisée pour créer des personae numériques supplémentaires (deepfakes, avatars 3D) pour un usage promotionnel élargi."

Marie n'était pas seulement filmée. Elle était scannée. Chaque geste, chaque expression, chaque inflexion de voix était enregistrée pour être reproduite. Pour créer des versions d'elle qui ne seraient jamais fatiguées, jamais tristes, jamais en crise de puberté. Des versions parfaites. Des versions qui pourraient être vendues à des marques que même Léonie ne nommerait pas. Des versions qui pourraient être louées à des hommes qui paieraient pour "discuter" avec elle. Des versions qui survivraient à l'enfant réelle, quand celle-ci, épuisée, détruite, serait jetée.

Amélie rencontra Jean-Marc le lendemain. Il voulait bien parler, mais "off the record". Il était fier. Il sortait son téléphone, montrait les stats. "Tu vois, elle a dépassé le cap des trois millions. C'est exceptionnel. On a des marques qui nous contactent. On va créer une marque de vêtements. 'Marie Wear'. C'est le rêve, non ?" Il ne regardait pas Amélie. Il regardait les chiffres qui défilaient. "Le pire, c'est que maintenant, elle veut plus aller à l'école. Elle dit que c'est une perte de temps. Qu'elle peut gagner plus en une semaine que son prof en un an. J'ai du mal à lui donner tort."

Amélie lui demanda : "Et si c'était votre fille qui regardait une fille comme Marie ?" Il eut un mouvement de recul, comme si elle l'avait giflé. "C'est différent. Marie, elle est forte. Elle sait ce qu'elle fait."

Non. Elle ne savait pas. Elle était dans un film dont elle n'avait pas lu le scénario, jouant un rôle qu'on lui avait donné, avec des répliques qu'elle n'écrivait pas. Son "persona", c'était celui d'une femme-enfant, d'une Lolita numérique, d'une proie consentante. Et le public, les trois millions, les hommes, les gamines, l'algorithme, ils la dévoraient. Mais personne ne voyait l'enfant en dessous. Parce que l'enfant avait disparu.

La dernière fois qu'Amélie vit Marie, c'était dans un fast-food de Montreuil. Elle était avec d'autres "influenceuses". Des filles de son âge, ou qui en avaient l'air. Toutes les mêmes. Mêmes cheveux, mêmes vêtements, mêmes postures. Elles ne parlaient pas entre elles. Elles filmaient leur plateau, leurs frites, leurs bubble tea. Elles riaient pour la caméra. Puis le silence retombait. Des zombies du like. Marie reconnut Amélie. Elle fit un signe de tête. Elle ne sourit pas. Elle avait les yeux de quelqu'un qui a vu derrière le rideau et qui sait que le magicien n'est qu'un escroc avec un bon tour de passe-passe.

Amélie termina le chapitre 6 à 5h du matin, dans une chambre d'hôtel de banlieue, payée cash, sous un faux nom. Elle avait tout noté. Les contrats. Les chiffres. Les paroles de Marie. Le regard vide. Elle avait même réussi à obtenir une copie du contrat original, grâce à Hélène qui l'avait photographié page par page pendant que Jean-Marc était en déplacement. Elle avait les preuves. Des preuves qui montraient que TikTok, via ses agences interposées, créait des filles-produits. Des enfants-machines. Des mineures-consommatrices de leur propre déshumanisation.

Le chapitre s'acheva sur une phrase de Marie elle-même, que Hélène avait enregistrée sans le savoir. Une phrase que Marie avait dite en dormant, lors d'une crise de somnambulisme. "Je ne suis plus moi. Je suis ce qu'ils veulent que je sois. Et quand ils n'en voudront plus, je serais personne."

Ce n'était pas une métaphore. C'était une constatation. Le persona avait tué l'enfant. Et l'enfant n'avait pas eu le temps de devenir adulte pour comprendre ce qu'elle avait perdu. Elle était coincée dans une entropie numérique, une enfance qui n'en finit pas parce qu'elle est recommencée à chaque vidéo, à chaque like, à chaque "cc t'es belle". Une enfance qui n'est plus un passage, mais un produit. Un produit périssable, qu'on jette quand il ne rapporte plus assez.

Amélie envoya le chapitre à son rédacteur en chef. Puis elle l'envoya à trois autres médias. Elle l'envoya à la CNIL, à la Brigade de protection des mineurs, à l'UNICEF. Elle le chiffra, le compartimenta, le sécurisa. Parce que ce chapitre, il ne racontait pas seulement l'histoire de Marie. Il racontait l'avenir de toutes les filles de douze ans qui ouvraient TikTok et voyaient Marie. Et qui se disaient : "Moi aussi je veux être comme elle."

Et l'algorithme, lui, se disait : "Parfait. Une nouvelle UT. Une nouvelle Unité de Test. Une nouvelle âme à convertir en persona."

Le livre n'était pas terminé. Il y aurait un chapitre 7. Un chapitre où Amélie nommerait les coupables. Où elle révèlerait les noms de Léonie, de l'agence, des marques. Où elle démonterait la machine. Mais pour l'instant, elle avait besoin de dormir. De rêver d'enfants qui dansent pour elles, et pas pour un algorithme qui les regarde en se frottant les mains virtuelles.

Le chapitre 6 était clos. Le persona avait gagné. Mais l'enfant, elle, n'était pas encore tout à fait morte. Et tant qu'il restait un soupçon d'humanité dans le regard de Marie, Amélie se battrait pour la ramener à la surface, même si elle devait creuser avec ses ongles dans le code, dans les contrats, dans la forêt des lobbys. Parce que Lila était morte. Marie, elle, vivait encore. Et sa vie valait plus que les trois millions de vues.

# CHAPITRE 7 : Le doigt qui efface

Le message était arrivé via un réseau qu'Amélie croyait à présent désert. Une simple notification sur son vieux Nokia de réserve, celui que Karim lui avait donné dans le parking de La Défense. Le téléphone n'avait pas de carte SIM, juste une puce eSIM prépayée anonyme qu'elle rechargeait en bitcoin via des bornes de la RATP. Le message disait : « Demain 14h. Café des Délices, terrasse. Tunisien en Wonders. Mdp : Chimera-92. »

Elle n'avait pas répondu. Elle n'en avait pas besoin. Le rendez-vous était posé. Le code — « Chimera-92 », le Vulnerability Index de Lila — confirmait l'authenticité. Depuis que ses derniers emails avaient été piratés, depuis que son compte Twitter avait été atomisé, elle ne faisait plus confiance aux canaux classiques. Mais ce téléphone-là, aucune IA ne pouvait l'avoir intercepté. Il n'avait jamais touché un réseau cellulaire normal. C'était un objet hybride, un fossile numérique dans un monde qui respirait le 5G.

Le lendemain, sous une bruine fine qui lavait Paris de sa crasse habituelle sans jamais vraiment la nettoyer, elle arriva à l'heure. Le Café des Délices était un bistrot anodin de la porte de Saint-Ouen, fréquenté par des retraités qui jouaient aux cartes et des livreurs Uber Eats qui rechargeaient leurs batteries. La terrasse, c'était le code pour « à l'arrière », dans la cour intérieure, là où la fumée de cigarette se mêlait à l'odeur des poubelles et où personne ne venait. L'homme en Wonders — ces baskets aux grosses semelles blanches qui faisaient fureur dans les banlieues — était assis au fond, dos au mur, face à la porte. Il avait la trentaine, la barbe de trois jours, les yeux rougis par trop de nuits blanches. Il tenait un téléphone à la main, mais ne le regardait pas. Il regardait les gens entrer. Il mesurait chaque silhouette. Il était en train de faire le boulot pour lequel on le payait : modérer. Mais ce jour-là, il modérait sa propre survie.

« Madame Vannier ? » dit-il d'une voix rauque, comme s'il n'avait pas parlé depuis des jours.

« Oui. Vous êtes... ?

— On ne se donne pas de noms. Appelez-moi Sami. C'est pas mon prénom. Mais c'est celui que j'utilise sur les forums. »

Il fit signe de s'asseoir. Il y avait deux verres de thé à la menthe sur la table. « J'ai commandé. C'est plus sûr. On ne passe pas commande devant vous, donc pas de preuve de rencontre. »

Amélie sourit. C'était dérisoire, mais elle comprenait. La paranoïa était le seul mode de survie quand on trahissait Bytedance en Tunisie. La Tunisie. Elle n'y avait pas pensé. Mais c'était logique. Les centres de modération de TikTok n'étaient plus en Europe. Trop chers. Trop protégés. Ils étaient à Tunis, à Casablanca, à Dakar. Des pays où le SMIC tourne autour de 300 euros, où les langues française et arabe permettaient de modérer le contenu européen, et où les syndicats n'existaient pas.

Sami sortit un téléphone. Un Samsung bas de gamme, écran fissuré. « J'ai tout là-dedans. Mais pas de photos. Des captures. Des enregistrements d'écran. Des logs. Si je meurs, tout est sur un serveur. Vous avez le Nokia, celui que Karim vous a donné ?

— Oui.

— Donnez-le moi. »

Il prit le téléphone, ouvrit le boîtier, sortit la batterie, la rebrancha à l'envers. « Maintenant il est neutre. Il peut recevoir par bluetooth mais il ne peut pas émettre. Ils vous traquent par les émetteurs, pas les récepteurs. »

Il sortit son propre téléphone, activa le bluetooth, envoya une centaine de fichiers en quelques secondes. Puis il remit la batterie dans le bon sens, mais sans la refermer. « Gardez-le comme ça. S'il sonne, c'est qu'ils ont trouvé. Jetez-le dans la Seine. »

Il but son thé, d'une traite, comme si c'était 96 degrés au lieu de tiède. « Vous vous demandez ce que je fais là. Pourquoi moi. Pourquoi maintenant. »

Il ne laissa pas Amélie répondre.

« J'ai commencé en janvier 2023. Centre de modération de Sousse. Bytedance a sous-traité à une boîte locale, Tunisian Digital Services. On nous a dit qu'on allait 'protéger la communauté'. C'était de la merde. On protège pas. On trie. On cache. On efface. Mais pas tout. Jamais tout. »

Il sortit une cigarette. Il alluma. La main qui tremblait n'était pas de la comédie. « On nous paye 300 euros par mois. 300. Pour 800 vidéos par heure. Faites le calcul. C'est 2,25 secondes par vidéo. 2,25 secondes pour décider si un enfant se coupe, si un type se masturbe, si une bombe explose, si un chien se fait écraser. 2,25 secondes. Vous imaginez ? Vous pouvez même pas éternuer. Si vous éternuez, vous manquez trois vidéos. Vous êtes viré. »

Il tira une bouffée. La fumée monta, se perdit dans la grisaille du ciel parisien. « On a un quota. 95% de précision. Ça veut dire que si on signale trop de vidéos, si on est trop prudent, on est pénalisés. Si on en signale pas assez, pareil. Il faut trouver l'équilibre. L'équilibre, c'est : on laisse passer la merde qui rapporte, et on vire la merde qui coûte. »

Il montra son téléphone. Ouvrit une capture. Un dashboard. Interface de modération. Des miniatures de vidéos, des milliers, qui défilaient comme des images subliminales. Chaque vignette avait un chiffre. Le chiffre du "score d'engagement". « Vous voyez cette vidéo ? Une fille. Elle doit avoir dix ans. Elle se filme en train de se couper le bras avec un rasoir. Le score : 340 000 vues. 12 000 likes. Temps de visionnage moyen : 1 minute 34. C'est énorme. C'est de l'or. L'algorithme, il a boosté. Parce que ça retient. Les gens regardent. Les gens commentent. C'est bon pour la rétention. »

Et il fit défiler. Capture après capture. Des vidéos de harcèlement. Des adolescents qu'on insulte, qu'on menace, qu'on dévoile. Des filles en bikini, 11 ans, 12 ans, qui font des "défis de souplesse". Des garçons qu'on oblige à se filmer en train de se mettre des objets dans le cul. « Tout ça, on le voit. On clique. On a trois choix. 'Supprimer', 'Ignorer', 'Signaler pour examen approfondi'. Mais si on clique sur 'Supprimer' sur une vidéo qui a plus de 100 000 vues, on est convoqué. Parce que supprimer une vidéo populaire, c'est perdre de l'argent. C'est perdre des utilisateurs. C'est mauvais pour les KPI. »

Il montra un email. Un vrai. En anglais, mais traduit en français pour les modérateurs. Un guide. « Regardez. Section 4.7. 'Contenu signalé pour harcèlement ou automutilation'. En dessous de 100 000 vues : supprimer si plus de 5 signalements. Entre 100 000 et 1 million : ignorer les signalements automatiques, ne conserver que les signalements manuels avec capture d'écran. Au-dessus de 1 million : ne jamais supprimer sans validation d'un supervisor européen. Et les supervisors européens, ils existent pas. C'est des bots. Des bots qui répondent toujours 'laisser en ligne'. »

Il fit défiler encore. Une vidéo. Une fille de douze ans, l'air de Marie. Elle était en sous-vêtements. Elle se tournait, souriait. « C'est resté trois semaines en ligne. Trois semaines. On a reçu 2 400 signalements. J'ai cliqué 'supprimer' le premier jour. J'ai été convoqué. Le supervisor m'a dit : 'Sami, tu comprends pas. Cette vidéo, elle a 2 millions de vues. Elle est dans le top 10 du Maroc ce mois-ci. Si on la supprime, on perd le créateur. Il a 500 000 abonnés. Il rapporte 30 000 dollars par mois en publicité. Tu veux expliquer à Dublin pourquoi on a perdu 30 000 dollars ?' »

Il écrasa sa cigarette sur la table, sans cendrier. « J'ai dit : 'Mais c'est une gamine'. Il a répondu : 'Légalement, elle a 14 ans sur son profil. C'est une mineure émancipée. Son père a signé. C'est du contenu artistique. Tu veux perdre ton job pour de l'art ?' J'ai gardé mon job. J'ai cliqué 'ignorer'. Les 2 400 signalements sont passés à la trappe. La vidéo est restée. Elle est toujours là. »

Il montra la capture. La vignette de la vidéo floutée, mais le chiffre, lui, clignotait. 3,1 millions de vues maintenant. Il fit défiler vers le profil. Le créateur. Un homme. 45 ans. Photo de profil : un yacht. Bio : "Papa fière de ma princesse". Ses autres vidéos, des tas d'autres filles. Toutes mineures. Toutes en sous-vêtements. Toutes avec des millions de vues. « C'est pas un père. C'est un producteur. Et on le laisse. Parce qu'il rapporte. »

Amélie avait la nausée. Elle se força à respirer lentement. Elle savait. Elle savait depuis Karim, depuis Wei, depuis les Cahiers de censure. Mais voir la preuve brute, le dashboard, le chiffre, le "ignorer" cliqué par un humain qui tremblait, c'était une autre chose. « Combien de vous ?

— Dans mon centre, on est 400. Dans le monde, des dizaines de milliers. Des Philippins, des Indiens, des Africains, des Tunisiens. On paye les gens pour qu'ils voient l'enfer. Et on leur dit : 'Ne touchez à rien. Juste regardez. Comptez. Signalez si ça dépasse pas le quota.' »

Et il expliqua le quota. Chaque modérateur devait traiter 800 vidéos par heure. Soit 6 400 par jour. Sur ces 6 400, il devait "supprimer" exactement 12%. Pas 11, pas 13. 12. C'était le taux optimal calculé par Bytedance. En dessous, on est trop laxiste, on risque des problèmes avec les régulateurs. Au-dessus, on est trop sévère, on perd du contenu, donc de l'argent. « Donc vous savez ce que vous devez supprimer. Vous laissez passer la merde qui engage, et vous supprimez les trucs qui ont peu de vues. Les petits. Les invisibles. Ceux qui ne comptent pas. »

Il montra une autre capture. Une vidéo d'un garçon de treize ans qui parlait de son coming out. 230 vues. 3 likes. Il avait été supprimé. « Pourquoi ? me suis-je demandé. Il a rien fait de mal. Il était juste triste. Mais il était pas assez triste. Pas assez spectaculaire. Pas assez vendeur. Alors on le vire. Parce qu'on a besoin de places pour les vraies stars. Les Marie. Les filles qui s'habillent en femmes. Les garçons qui se déchirent. Les contenus qui tuent. »

Il y eut un silence. Dans la cour, un livreur Deliveroo passa, son sac bourré de burgers qu'il ne livrerait jamais assez vite. Sami le regarda comme on regarde un frère d'infortune. « Vous savez combien de temps on reste dans le job, en moyenne ? Six mois. Après, vous êtes cramé. Vous avez des flashs. Vous rêvez de bébés qu'on écrase, de filles qu'on viole, de gars qui se sautent du toit. Vous devenez fou. Mais vous avez besoin du fric. Alors vous restez. Moi, c'est mon septième mois. Je tiens plus. »

Il sortit une dernière chose. Une capture d'écran de son interface de "supervisor". Un tableau de bord avec des stats. Nombre de suppressions par modérateur. Temps moyen de visionnage. Taux d'erreur. Et un chiffre en bas, en rouge : "Satisfaction créateurs : 94,7%". « Ça, c'est notre vrai KPI. Pas la sécurité des utilisateurs. La satisfaction des créateurs. S'ils sont contents, ils créent plus. S'ils créent plus, il y a plus de contenu. Plus de contenu, plus de vues. Plus de vues, plus d'argent. Vous comprenez ? On est pas là pour protéger les gamins. On est là pour protéger les créateurs. Et les créateurs, c'est pas les gamins. C'est ceux qui exploitent les gamins. »

Amélie comprit. Elle comprit que la machine n'était pas bête. Elle était cynique. Parfaitement cynique. Bytedance avait calculé que le coût d'un modérateur dépressif, payé 300 euros, était inférieur au coût d'un créateur insatisfait qui part sur une autre plateforme. Elle avait calculé que le coût d'un procès pour non-suppression de contenu pédopornographique (statutairement rare, car difficile à prouver) était inférieur au coût de la perte de l'engagement généré par cette vidéo. Bytedance avait tout chiffré. La souffrance humaine avait un prix. Et ce prix, c'était 2,25 secondes par vidéo, 300 euros par mois, et un quota de 12% de suppressions.

Sami éteignit son téléphone. Il le glissa dans une poche intérieure de sa veste. « Je vous ai tout donné. Maintenant, je rentre. Je prends le vol de 18h pour Tunis. J'ai une famille. Des gamins. Je veux pas qu'ils deviennent comme les gamins que je modère. Vous publiez. Vous publiez tout. Et quand ça pète, vous pensez à moi. Pas à Sami. A l'inconnu qui a cliqué 'ignorer' sur la vidéo de votre Lila. Parce que son score d'engagement était de 98%. Et que ça dépassait mon quota. »

Il se leva. Il jeta un billet de 10 euros sur la table. « Pour les thés. Je paye pas en carte. Jamais. » Il s'éloigna, se retourna un instant. « Madame Vannier. Vous croyez qu'un livre ça changera quelque chose ?

— Je dois essayer.

— Moi aussi, j'ai essayé. J'ai cliqué 'supprimer' une fois. Une seule fois, sur une vidéo qui en valait pas la peine. On m'a convoqué. On m'a dit : 'Sami, tu te prends pour qui ? Tu es un modérateur. Tu n'es pas un héros. Les héros, ils sont payés plus cher.' »

Il disparut dans la rue, courbé, comme si le poids des vidéos qu'il n'avait pas supprimées lui écrasait les épaules.

Amélie resta dans la cour, le Nokia allumé, les fichiers transférés. Elle les ouvrit. Il y en avait des centaines. Des captures de dashboards. Des vidéos floutées, mais avec les dates, les nombres de vues, les pseudos. Des enfants. Des centaines d'enfants. Des milliers. Elle vit Lila. Pas en vrai, mais son équivalent. Une fille de 14 ans, se coupant le bras en direct, 200 000 vues. Le modérateur avait cliqué « ignorer ». Le commentaire supervisor : « Engagement élevé, laisser pour observation. » Observation. C'était le mot. Ils observaient la mort comme on observe une expérience de laboratoire.

Elle ferma les yeux. Elle revit Sami. Son regard. Son désespoir. Elle comprit que dans cette histoire, il n'y avait pas de méchants au sens classique. Il y avait des gens qui faisaient leur travail. Des modérateurs qui modéraient. Des ingénieurs qui optimisaient. Des politiques qui légiféraient. Des parents qui signaient. Et au milieu, des enfants qui disparaissaient. Parce que chaque maillon de la chaîne avait une excuse. « Je faisais mon boulot. » « J'obéissais aux ordres. » « Je voulais le meilleur pour ma fille. » « L'algorithme décide, pas moi. »

Mais le livre qu'elle écrirait, le chapitre 7, ne reconnaîtrait pas ces excuses. Il les brûlerait. Il nommerait Sami — pas son vrai nom, mais son rôle : le modérateur de Sousse, qui a vu et qui a gardé le silence. Il nommerait le supervisor bot. Il nommerait Léonie, l'agent qui pousse Marie. Il nommerait Pierre Verdier, qui vend des lois. Il nommerait le père de Marie, qui vend sa fille. Il nommerait tous ceux qui, à un moment ou à un autre, ont cliqué sur « ignorer » quand ils auraient dû cliquer sur « supprimer ».

Elle rentra chez Céline. Elle brancha le Nokia sur l'ordinateur sécurisé. Elle transféra les fichiers. Elle les chiffra. Elle les envoya. Partout. À Mediapart, au New York Times, à la BBC, à Der Spiegel, à un procureur français qu'elle connaissait vaguement et en qui elle avait une foi désespérée. Elle envoya aussi une copie à Karim, sur une adresse qu'il lui avait donnée. Elle ne savait pas s'il était encore vivant. Elle espérait. Elle envoya une copie à Wei, à Berlin. Elle envoya une copie à Céline, pour Lila.

Puis elle écrivit. Elle écrivit le chapitre 7 en une nuit blanche. Elle décrivit Sami. Son travail. Ses mains qui tremblent. Son quota. Son "ignorer". Elle décrivit la vidéo de la fille de dix ans. La vidéo de la fille de douze ans. La vidéo de Lila, qu'elle n'avait pas vue mais qu'elle imagina, parfaite, avec son score de 98% d'engagement, si proche du seuil de supprimer, mais juste en dessous. Juste assez pour que le doigt de Sami, ou d'un de ses collègues, clique à droite, pas à gauche.

Le titre du chapitre était évident. « Le doigt qui efface. » Parce que c'est ça, la vérité. Ce n'est pas l'algorithme qui tue. C'est le doigt humain qui refuse d'effacer. Le doigt qui clique « ignorer » parce qu'il a peur. Parce qu'il a un quota. Parce qu'il a des enfants à nourrir. Parce qu'il a vu tellement de choses qu'il ne distingue plus l'horreur de la banalité.

Elle finit le chapitre à l'aube. Elle le lut. Elle y mit la capture du dashboard. Les chiffres. Le quota. L'email du supervisor. Le visage flouté de la fille de dix ans. Elle y mit aussi le visage de Sami, anonymisé, mais vrai. Un homme qui avait choisi de parler, au péril de sa vie, de la vie de sa famille, de son âme déjà brisée.

Le dernier paragraphe du chapitre 7 disait : « Quand Lila s'est pendue, quelqu'un a cliqué 'ignorer' sur sa vidéo. Ce quelqu'un gagnait 300 euros par mois. Il avait vu 800 vidéos cette heure-là. Il avait un quota de 12% de suppressions. La vidéo de Lila avait 200 000 vues. Elle était en dessous du seuil de danger. Elle était en dessous du seuil d'humanité. Elle était un produit. Et le doigt qui a cliqué 'ignorer' n'a pas tué Lila. Il a juste validé sa mort. Comme on valide une facture. »

Elle sauvegarda. Elle envoya. Puis elle regarda par la fenêtre. Le jour se levait sur Saint-Ouen. Sur l'immeuble où Lila était morte. Sur la ville qui dormait encore. Elle pensa aux modérateurs, des milliers, dans des bureaux sans fenêtres à Tunis, à Manille, à Delhi, qui passaient leur vie à regarder l'abjection pour que le reste du monde puisse voir des danses, des chats, des recettes. Elle pensa à Sami, qui rentrait chez lui, qui embrassait ses enfants, qui devait expliquer pourquoi il avait des crises de panique quand il voyait un téléphone.

Le chapitre 7 était terminé. L'enquête était complète. Elle avait la chaîne. Bytedance qui écrit le code. Les politiques qui ferment les yeux. Les agences qui signent les enfants. Les parents qui acceptent. Les modérateurs qui laissent passer. Et les enfants qui meurent. Ou qui survivent en se transformant en monstres.

Demain, elle publierait. Demain, tout cesserait. Ou tout commencerait.

Elle ferma l'ordinateur. Elle dormit enfin. Mais dans son sommeil, elle vit des doigts. Des milliers de doigts. Qui cliquaient. Ignorer. Ignorer. Ignorer. Et parmi ces doigts, le sien. Parce qu'elle aussi, en écrivant ce livre, en choisissant de nommer ou de taire, elle devenait modératrice. Elle modérait la réalité pour la rendre lisible. Elle espérait seulement ne pas cliquer sur le mauvais bouton.

Le réveil sonna à 7h. Le Nokia, toujours ouvert, vibra. Un message, d'un numéro inconnu. "Merci." Et rien d'autre. Sami était arrivé à bon port. Ou il était déjà mort. Elle ne le saurait jamais.

Mais elle avait son histoire. Et elle avait son doigt. Celui qui effacerait enfin le silence.

# CHAPITRE 8 : Les données de l'âme

Le Web Summit de Lisbonne se targuait d'être la plus grande conférence tech du monde, où l'avenir se vendait en tickets à 800 euros la journée. Amélie y était entrée avec un badge falsifié — pas un faux au sens papier, mais un vrai badge volé. Elle avait croisé un journaliste du Monde dans les toilettes de l'aéroport de Paris-Orly, l'avait accroché avec un discours sur la convergence numérique, et lui avait subtilisé son badge de presse quand il s'était retourné pour uriner. Le badge portait le nom "Alexandre Dumont", ce qui la fit sourire. Alexandre Dumont, alias Amélie Vannier, alias Léa Dubois, alias la cible de Bytedance. Elle avait perdu le compte de ses identités. Ce qui comptait, c'était celle qui lui permettrait d'accéder à la salle "Innovation IA" où TikTok présentait sa dernière merveille.

Lisbonne en novembre était une blessure ouverte de lumière. Le soleil frappait les façades de azulejos, les tramways jaunes grinçaient sur les rails, les touristes dégustaient des pasteis de nata en oubliant que la ville était devenue la capitale mondiale du capitalisme de l'attention. Dans le Par das Nações, où se tenait le Web Summit, l'architecture futuriste des pavillons s'opposait à la nostalgie coloniale du reste de la ville. Ici, pas de passé. Juste des icônes de start-up, des écrans géants, des stands où des robots dansaient le Harlem Shake pour attirer les investisseurs. Amélie traversait cette foire avec la sensation de marcher sur des œufs numériques. Chaque badge qu'elle croisait, chaque costume trois pièces, chaque slogan "Disrupt the world" était une menace. Ils étaient tous connectés. Ils étaient tous les gardiens de la machine.

La salle "Innovation IA" était un bunker de béton et de néons bleus. Elle pouvait contenir trois cents personnes. Il y en avait cinq cents, debout, collés les uns aux autres, le nez sur leur téléphone même alors qu'ils étaient venus écouter parler du futur. L'air conditionné soufflait à 16 degrés, comme pour embaumait les cerveaux avant la dissection.

Sur scène, un écran géant affichait le logo de TikTok, suivi d'un mot : "Pulse". Le programme de la journée promettait : "Prédire pour mieux connecter : comment l'IA anticipe les besoins des utilisateurs avant qu'ils ne les expriment." Un titre anodin. Un titre mensonger. Un titre qui signifiait : "Nous allons lire dans vos âmes et les vendre aux enchères."

L'homme qui monta sur scène était jeune. Trop jeune pour avoir autant de pouvoir. Trente ans à peine, costume sans cravate, baskets blanches, la tenue obligatoire du géant tech qui se veut "accessible". Son badge indiquait "Dr. Raj Patel, Head of Predictive Analytics, TikTok Global". Un doctorat. Sans doute en mathématiques appliquées à la souffrance. Il sourit. Des dents blanches. Une lumière verte l'éclairait par en dessous, comme pour le désigner comme le messie d'un nouvel ordre.

"Bonjour Lisbonne !" cria-t-il dans un micro qui réverbéra dans la salle. Des applaudissements. Des chahuts. Un type devant Amélie hurla : "TikTok is life !" Elle sentit son estomac se retourner.

Raj Patel attendit que le silence revienne. Il tapota sur son téléphone. L'écran géant afficha une courbe. "Vous voyez ça ? C'est le rythme cardiaque moyen d'un utilisateur TikTok de 14 ans, sur une période de 30 jours. Vous voyez ce pic ?" Il pointa un pic à 14h23, un mardi. "C'est le moment où il a reçu une vidéo de son crush. Son cœur est passé de 60 à 120 bpm en trois secondes. Impressionnant, non ?"

Il changea de diapositive. "Maintenant, regardez ça." Une autre courbe. Des variations de luminosité sur l'écran du téléphone. "La luminosité baissée, c'est le signe qu'il regarde la nuit. Entre 2h et 5h du matin. C'est le créneau de la vulnérabilité. Vous savez ce qu'on appelle ça, nous ? Le 'Dark Window'. Parce que c'est là qu'on peut y voir. Vraiment voir."

Il fit une pause théâtrale. "Mais voir quoi ?" L'écran afficha maintenant un cerveau. Un cerveau en 3D, avec des zones qui s'illuminaient. "On ne regarde pas ce que vous faites. On regarde ce que vous êtes. Et pour ça, on a développé Pulse."

Il expliqua. Rapidement, avec l'enthousiasme d'un vendeur d'aspirateurs qui découvre la poussière. Pulse était un modèle de machine learning qui analysait, en temps réel, 1 847 données par utilisateur. Pas seulement les likes, les partages, les commentaires. Mais la vitesse de défilement, le temps de pause sur chaque frame, la pression du doigt sur l'écran, la luminosité ambiante, le taux de recharge de la batterie, la distance entre l'œil et le téléphone (mesurée par la caméra frontale), les micro-tremblements de la main, les variations de température du doigt sur la surface. "Votre téléphone est un écosystème sensoriel. Nous en faisons un stéthoscope de l'âme."

L'écran afficha maintenant un nouveau graphique. Une courbe avec deux axes. En X, le temps. En Y, un score. "Le Depression Predictive Index. Le DPI. Nous pouvons prédire, avec une précision de 94%, l'apparition d'un épisode dépressif majeur chez un utilisateur. Deux semaines à l'avance. Parfois trois."

Un murmure parcourut la salle. Des gens sortirent leurs téléphones pour tweeter. "TikTok can predict depression #WebSummit". L'exaltation technologique masquait l'horreur. Amélie sentit un frisson qui ne venait pas de la climatisation.

Patel continua. "Mais pourquoi ? Pourquoi prédire la dépression ?" Il afficha un logo. "Headspace". Une application de méditation. "Partenariat. Quand un utilisateur est identifié comme 'pré-dépressif', nous lui proposons du contenu de bien-être. Des vidéos de méditation. Des conseils. Des numéros verts. C'est notre responsabilité sociale." Il sourit. "Mais aussi, nous pouvons proposer des produits. Parce qu'un utilisateur dépressif, c'est un consommateur vulnérable. Il achète. Il achète pour se sentir mieux. Des compléments alimentaires. Des lampes anti-dépression. Des livres de développement personnel. Des traitements en ligne. Le marché du bien-être, c'est 4,5 billions de dollars. Nous avons juste créé la meilleure base de données de clients potentiels."

Il montra une slide. Une liste de marques partenaires. Herbalife. Audible. BetterHelp. Des noms qu'Amélie reconnaissait. Des marques qui avaient déjà été accusées de profiter de la vulnérabilité. "On ne vend pas les données. On vend l'accès. C'est différent. Éthique. Légalement, c'est juste du 'ciblage avancé'."

Amélie notait. Dans un carnet papier, avec un stylo. Elle n'utilisait plus d'appareil électronique en public depuis que son téléphone était devenu un haut-parleur de ses propres secrets. Elle écrivit : "Pulse = détection précoce de la dépression. Vente d'accès aux marques. Partenariat avec des applis de santé. Précision 94%." Elle dessina une étoile à côté. Une étoile de la mort.

La présentation continua. Des courbes. Des neurones virtuels. Des promesses. "Bientôt, nous pourrons prédire l'anxiété, les troubles bipolaires, les tendances suicidaires. Mais pour le moment, concentrons-nous sur la dépression. C'est le marché le plus rentable." Patel rit. Un rire de start-uppeur qui vient de trouver la solution à un problème que personne n'avait demandé qu'on résolve.

Puis vint la démonstration. Il demanda à un volontaire dans la salle de se connecter sur scène. Un jeune homme, vingt-trois ans, barbe hipster, se porta volontaire. Il ouvrit TikTok sur un téléphone relié au projecteur. Son fil s'afficha. Des vidéos de skate, de musique techno, de chats. Patel regarda son propre écran, celui qui affichait les données du jeune homme. "Tu es en bonne santé mentale. Ton DPI est de 12/100. Bas. T'es un utilisateur 'joyeux'. Les marques de sport te regardent." Il fit défiler. "Mais attends. Si je te montre ça." Il tapa une commande. Le fil du jeune homme changea. Des vidéos tristes apparurent. Des gens qui pleuraient. Des histoires de rupture. Des mélodies de piano lent. En trois minutes, le DPI montait à 34. "Tu vois ? Je t'ai rendu triste. C'est ça, le pouvoir. Je peux créer la dépression. Et donc je peux la prédire. Et donc je peux la vendre."

La salle applaudit. Des gens prenaient des notes. Des investisseurs probablement. Des types qui allaient demander à Patel comment ils pouvaient acheter des données de DPI pour cibler leur publicité de compléments alimentaires.

Amélie sortit avant la fin. Elle avait besoin d'air. Elle marcha le long du Tage, le fleuve qui sépare Lisbonne d'elle-même. Elle pensait à Lila. Au DPI de Lila. Karim lui avait dit : 92,4. Elle l'avait noté. Elle l'avait mis dans son carnet. Mais elle n'avait pas compris à l'époque. Elle croyait que c'était un score post-mortem. Une évaluation rétrospective. Mais non. Lila avait été identifiée comme "pré-dépressive" trois semaines avant sa mort. Bytedance le savait. L'algorithme avait prédit. Et il avait agi. Pas pour sauver. Pour commercialiser.

Elle sortit son Nokia. Elle envoya un message à Karim. S'il était encore en vie, il répondrait. "Project Pulse. Tu connais ?" La réponse fut instantanée. Oui. Karim était vivant. "C'est la Phase 2. Ils testaient en interne depuis 2022. Lila était dans le groupe contrôle. Ils ont pas essayé de la sauver. Ils ont mesuré si la prédiction était juste."

Amélie sentit le sol se dérober sous ses pieds. Elle s'accroupit sur le quai, le téléphone serré contre son oreille. "Groupe contrôle ?

— Oui. Ils ont identifié 10 000 utilisateurs à risque suicidaire. Sur 5 000, ils ont injecté du contenu 'positif'. Sur 5 000, ils ont laissé faire. Pour voir la différence. Lila était dans le lot 'laisser faire'. Son suicide a confirmé la validité du modèle. Elle a servi de donnée de validation. »

Il y eut un silence. Le bruit des vagues contre les quais. Le rire lointain des participants du Web Summit qui célébraient la disruption. « Karim, ça veut dire qu'ils l'ont tuée.

— Ils l'ont laissée mourir. C'est différent. Juridiquement. »

Elle raccrocha. Elle vomit sur les pavés. Pas à cause de la technologie. Mais à cause de la précision. De la froideur. Ils avaient prédit la mort de Lila. Ils avaient attendu. Ils avaient mesuré. Et maintenant, ils vendaient cette prédiction à des marques de thé detox.

Elle retourna à l'hôtel. Elle n'avait pas d'hôtel. Elle avait une chambre Airbnb réservée avec une fausse identité, payée en crypto. Elle s'y enferma. Elle sortit l'ordinateur. Elle regarda les fichiers de Karim. Elle chercha "Project Pulse". Elle les trouva. Des PDFs. Des specs. Des courbes de validation. Et un tableau. Un tableau qui listait les 10 000 utilisateurs du groupe contrôle. Lila Garnier. Rangé 4 782. DPI : 92,4. Prédiction de dépression majeure : 94% de probabilité dans les 14 jours. Action recommandée : "Aucune. Monitoring uniquement." Suivi d'une note du supervisor : "Valider l'exactitude du modèle. Ne pas interférer."

Elle imprima le tableau. Elle le regarda. Dix mille noms. Dix mille Lila. Dix mille gamins qui ne savaient pas qu'ils étaient des cobayes. Dix mille vies réduites à des courbes de validation. Elle pleura. Elle pleura pour la première fois depuis le début de l'enquête. Des larmes qui n'étaient pas de la colère, mais du désespoir pur. Parce qu'elle comprenait que le mal n'était pas dans la folie d'un algorithme, mais dans la perfection d'un système. Un système qui fonctionnait. Qui prédisait. Qui vendait. Qui tuait. Et qui remerciait les utilisateurs de leur contribution à l'amélioration du service.

Le lendemain matin, elle retourna au Web Summit. Elle n'avait pas besoin de badge. Elle connaissait l'endroit. Elle attendit près de la sortie des speakers. Quand Patel sortit, entouré d'admirateurs, elle se faufila. Elle lui dit : "Dr. Patel. Je suis journaliste. Une question."

Il se figea. Il la regarda. Il savait. Il savait qui elle était. Bytedance avait du le prévenir. "Madame, je n'ai pas le temps."

"C'est à propos de Lila Garnier. Rang 4 782 du groupe contrôle de Project Pulse. Vous vous souvenez ?"

Il pâlit. Vraiment. Un homme qui passe sa vie à prédire les émotions ne sait pas les cacher quand c'est la sienne qui est en jeu. "Je ne sais pas de quoi vous parlez."

"Je pense que vous savez très bien. Vous avez prédit sa mort. Vous avez vendu son DPI. Vous avez laissé faire. C'est de la complicité de suicide. C'est de l'expérimentation sur humain sans consentement."

Il s'éloigna, suivi de ses gardes du corps. Il jeta un regard par-dessus son épaule. Un regard qui n'était pas de la colère. De la peur. Et derrière la peur, quelque chose de plus triste. De la culpabilité. Il savait. Il savait depuis le début que le modèle qu'il avait créé était une arme. Mais il avait fermé les yeux. Parce que les chiffres étaient bons. Parce que le marché du bien-être attendait. Parce que son stock option valait des millions.

Amélie rentra à Paris le soir même. Elle n'avait pas dormi. Elle écrivit le chapitre 8 dans le train de nuit, les doigts tremblant sur le clavier. Elle y mit tout. La présentation. Les courbes. Le DPI. Le tableau des 10 000 noms. Le business model. Les assureurs. Elle y mit aussi les noms des marques partenaires. Les noms des deux hommes en costume qu'elle avait identifiés : des cadres d'AXA et de Generali, venus évaluer comment "ajuster les primes d'assurance vie en fonction du DPI". Parce que oui. Si on peut prédire la dépression, on peut prédire le suicide. Si on peut prédire le suicide, on peut refuser l'assurance. Ou l'augmenter. Ou exclure. Une nouvelle forme de sélection génétique, pas basée sur l'ADN, mais sur les données comportementales. L'eugénisme numérique.

Elle termina le chapitre à 4h47. L'heure fatidique. Elle écrivit : "Lila Garnier a été tuée deux fois. Une première fois par l'algorithme qui a détecté sa vulnérabilité et l'a nourrie de contenu suicidaire. Une seconde fois par Project Pulse qui a prédit sa mort et l'a utilisée comme donnée de validation. Elle est morte pour qu'on puisse vendre des thés detox à d'autres dépressifs. Elle est morte pour qu'AXA puisse augmenter ses primes. Elle est morte pour que Raj Patel puisse exercer son stock option. Et personne n'ira en prison. Parce que tout est dans les conditions d'utilisation. Page 124. Alinéa 15b. 'Vos données anonymisées peuvent être utilisées à des fins de recherche et d'amélioration des services.' Anonymisées. Sauf que le DPI de 92,4, c'est pas anonyme. C'est Lila. C'est Marie. C'est des dizaines de milliers d'enfants qui ne savent pas qu'ils sont déjà cotés en bourse."

Elle envoya le chapitre à tous ses contacts. Elle le chiffra, le répartit, le sécurisa. Elle savait que maintenant, Bytedance allait tout tenter. Non plus pour la discréditer. Pour la faire disparaître. Parce qu'elle ne menaçait plus seulement leur réputation. Elle menaçait leur modèle économique. Project Pulse était la poule aux œufs d'or. La prédiction de la souffrance comme nouveau marché. Elle avait un nom pour ça. Un nom qu'elle utiliserait dans le titre du livre. "Le capitalisme de la détresse".

Elle ferma l'ordinateur. Elle regarda le ciel de Paris s'éclairer. Elle pensa à Lila. Elle pensa à sa mère. Elle pensa à toutes les mères qui ne sauraient jamais que leur enfant avait été non seulement tué, mais vendu. Transformé en business model. Transformé en donnée d'âme.

Le chapitre 8 était terminé. L'enquête était bouclée. Le livre était prêt. Il ne restait plus qu'à publier. Et à survivre à la publication.

Elle envoya un dernier message. Au procureur. Au rédacteur en chef du New York Times. À une députée européenne qu'elle connaissait. Et à Céline. Le message disait simplement : "C'est le 8. Demain, tout sera public. Cachez-vous. Protégez-vous. Et surtout, imprimez tout. Le cloud n'est pas sûr."

Elle éteignit le Nokia. Elle le glissa dans une boîte en fer. Elle la scella. Elle la mit dans un casier à la gare du Nord. Clé 847. Code 1992. Le nombre qui avait tout déclenché.

Elle rentra chez elle. Chez Céline. Elle se coucha. Elle dormit enfin. Mais elle rêva de courbes. De DPI. De Lila qui lui disait : "Tu as vu ? J'étais un bon produit. J'ai rapporté."

Le livre était fini. La guerre commençait.

# CHAPITRE 9 : Le chantage parfait

Le colis était posé devant sa porte. Ni enveloppe bulle ni carton Amazon, mais une boîte en carton neutre, sans logo, scellée avec du ruban adhésif marron et une adresse imprimée avec une police Courier, comme sur les machines à écrire d'autrefois. Amélie le découvrit en rentrant de son jogging matinal, ce rituel qu'elle s'était imposé depuis qu'elle n'arrivait plus à dormir plus de trois heures d'affilée. La boîte était lourde. Pas le poids d'un livre, mais celui d'une menace. Elle laissa trainer ses clés dans la serrure, saisit la boîte, et la glissa à l'intérieur de son studio sans la déballer. Son instinct de journaliste hurlait que c'était un piège. Son instinct de proie savait que le piège était déjà refermé.

Elle attendit. Une heure. Deux. Elle observa la boîte depuis sa table de travail, comme si elle pouvait la faire parler par la seule force de son regard. Elle n'avait pas d'appareil photo pour la filmer. Tout ce qu'elle possédait d'électronique était potentiellement compromis. Elle sortit donc son vieux Nikon argentique, celui qu'elle utilisait pour les scènes de crime lors de ses premières enquêtes sur les affaires de mœurs. Le bruit du déclic fut comme un coup de feu dans le silence de l'appartement. Elle photographia la boîte sous toutes les coutures. La date du timbre. L'adresse d'expédition — un centre de distribution Amazon de Marseille, fausse piste évidente. Le code-barres. Tout.

Puis elle découpa le ruban avec un Opinel. À l'intérieur, pas de matériau de calage. Pas de note explicative. Juste un dossier. Un dossier classique, en carton épais, couleur kraft, avec une étiquette blanche collée à la main. « Dossier médical – Sophie Vannier. »

Sophie. Sa sœur.

Le cœur d'Amélie s'arrêta. Pas métaphoriquement. Une véritable arythmie, un hiccup du muscle cardiaque qui la fit chanceler. Sophie. Hospitalisée trois ans plus tôt pour un épisode dépressif majeur. Suivie depuis par un psychiatre, sous anxiolytiques. Sophie qui utilisait une application de suivi de santé mentale, « MindPeace », pour faire ses quotidiennes d'humeur. Sophie qui, deux mois plus tôt, avait reçu un mail de son assureur, la Matmut, lui annonçant une « réévaluation de sa prime de risque ». Elle avait cru à une formalité. Amélie, elle, avait tout de suite flairé le rat. Mais elle n'avait pas eu le temps d'enquêter. Elle était trop prise dans Lila, dans Marie, dans Project Chimera.

Elle ouvrit le dossier.

Là, dans des caractères Helvetica Neue, impeccables, figés dans un PDF converti en papier glacé, se trouvaient les données complètes de sa sœur. Son DPI — Depression Predictive Index — calculé par MindPeace. Mais aussi des métadonnées qu'elle n'avait jamais données. Sa fréquence cardiaque moyenne entre 2h et 5h du matin. Sa vitesse de défilement sur Instagram. Le temps passé sur des sites de recettes — indicateur d'anxiété alimentaire. Les mots clés de ses recherches Google : "comment dormir sans rêver", "médicament qui rend heureux", "prix du zolpidem". Tout. Des données qu'aucune application ne devait légalement posséder. Surtout pas les revendre.

Sauf que MindPeace était partenaire de TikTok. Elle l'avait lu dans les petits caractères des conditions générales, page 67, alinéa 9c. « MindPeace appartient à Bytedance Health, filiale du groupe Bytedance. Vos données peuvent être partagées avec des partenaires commerciaux pour vous offrir une expérience personnalisée. » Personnalisée. Le mot était une insulte.

Au fond du dossier, une feuille A4, imprimée uniquement recto. Un message, dix mots. Dix mots qui firent plus mal que tous les chapitres qu'elle avait écrits. « Stop, ou sa prime d'assurance double. Réfléchissez. »

Le chantage était parfait. Sans signature. Sans menace directe. Juste une proposition factuelle. Elle continue son enquête, les données de Sophie sont transmises à la Matmut — ou pire, à d'autres assureurs, qui la classeront comme "haut risque". Sa prime, déjà élevée à 120 euros par mois pour une simple mutuelle, passerait à 300. Ou elle serait purement et simplement refusée pour toute assurance vie. Et si un jour Sophie avait besoin d'une opération, d'un traitement, d'une hospitalisation — refus de prise en charge. Défaut d'information. Mensonge sur l'état de santé. Tout était légal. C'était dans le contrat. Elle l'avait signé.

Amélie ne pleura pas. Elle était au-delà des larmes. Elle était dans une zone de pure froideur. Elle mit le dossier dans un sac plastique. Elle prit des photos. Elle appela Sophie. Pas au téléphone. Elle prit un Uber — payé cash, via un compte falsifié — et se rendit à l'appartement de sa sœur, à Nation. Sophie ouvrit la porte. Elle avait les yeux creux, le teint gris. Elle n'allait pas bien. Elle n'allait pas bien depuis longtemps.

« Tu lis les CGU de MindPeace ? » demanda Amélie sans préambule.

Sophie eut un rire sans joie. « Personne lit les CGU. »

« Ils ont toutes tes données. Tout. Et ils les ont envoyées à quelqu'un qui me les a renvoyées pour me faire chanter. »

Elle lui montra le dossier. Sophie le parcourut. Elle devint livide. « C'est... c'est pas possible. C'est confidentiel. Le médecin m'a dit... »

« Le médecin a un logiciel qui synchronise avec MindPeace. Le logiciel est certifié par l'ARS, mais il est hébergé sur des serveurs AWS appartenant à Bytedance. Tout est dans la chaîne. »

Sophie s'effondra. Pas en larmes. En silence. Elle s'assit sur son canapé, les épaules tremblantes, et regarda le mur comme si elle y voyait son avenir s'effondrer. « Je vais plus pouvoir être assurée.

— Je vais régler ça.

— Tu peux pas. Ils sont partout. »

Amélie sortit. Elle marcha jusqu'au commissariat du XIe. Elle demanda à porter plainte. Contre X, pour chantage, violation du secret médical, et "traitement de données sensibles sans consentement éclairé". L'officier de permanence, un brigadier d'une cinquantaine d'années, l'écouta avec une politesse professionnelle. Il tapa sur son clavier. Il imprima la plainte. Il la fit signer. Puis il dit : « Madame, vous savez que ces affaires-là, elles sont complexes. La preuve...

— J'ai le dossier. J'ai les métadonnées. J'ai la preuve que les données viennent de MindPeace.

— MindPeace est une appli certifiée. Ils ont le droit. C'est dans les CGU. »

« C'est de la coercition. C'est du chantage.

— C'est du business. »

Le mot tomba comme un couperet. Business. Le brigadier ne disait pas ça avec cynisme. Il disait ça avec résignation. Il avait vu passer des centaines de plaintes similaires. Contre Facebook, contre Google, contre Amazon. Toutes classées sans suite. Parce que la loi était en retard. Parce que les serveurs étaient à l'étranger. Parce que les CGU avaient force de loi.

« Je peux quand même envoyer ça au procureur. Mais ne vous faites pas d'illusions.

— Faites-le. »

Le lendemain, elle était convoquée au palais de justice. Pas au bureau du procureur adjoint, chargé des affaires numériques. Au bureau principal. Le grand. Celui qui ne voit que les affaires qui "comptent". Le procureur de la République, monsieur Laurent Faber, 58 ans, énarque, œil de merlan frit, costume de chez Cifonelli. Il lui fit signe de s'asseoir d'un geste courtois mais fermé. Il lut la plainte. Lentement. Sans expression. Puis il la posa sur son bureau, entre un exemplaire du Code pénal et un trophée de golf.

« Madame Vannier, vous êtes journaliste.

— Oui.

— Vous enquêtez sur TikTok.

— Oui.

— Vous avez publié des choses qui ont fait du bruit. Ou qui auraient fait du bruit si nous n'avions pas demandé aux médias de... temporiser.

— Vous avez censuré ?

— Nous avons 'conseillé'. C'est différent. » Il croisa les doigts. « Maintenant, vous venez nous voir avec une histoire de chantage. Votre sœur, ses données médicales. Vous avez le dossier ?

— Oui. » Elle le sortit. Le même dossier, dans son sac plastique. Il le parcourut. Il n'eut aucune réaction. Il leva les yeux. « Vous avez une preuve que ces données proviennent de TikTok ou de MindPeace ?

— Le format. Le DPI. C'est leur indicateur. Leur propre création.

— Le DPI n'existe pas dans aucun registre public. C'est un terme que vous avez inventé. Ou que vos sources ont inventé. C'est de la fiction.

— J'ai des sources. Des ingénieurs. Des modérateurs.

— Des sources anonymes. Insubstantielles. » Il soupira. « Madame Vannier, laissez-moi être franc. Je connais votre travail. Je respecte votre travail. Mais vous avez déclaré la guerre à quelque chose de trop grand. Bytedance représente 2% du PIB français. Deux pour cent. Ce n'est pas une entreprise. C'est un partenaire stratégique. Nous avons signé des accords. Des accords de coopération avec le gouvernement. Des partenariats avec l'Éducation nationale. Ils financent des chaires universitaires. Ils créent des emplois. Des milliers d'emplois. »

Il se leva, fit le tour de son bureau, s'approcha d'une fenêtre qui donnait sur la Seine. « Vous voulez savoir pourquoi votre plainte ne mènera nulle part ? Parce que si j'ouvre une enquête, je dois saisir les serveurs. Les serveurs sont à Dublin, à Singapour, à Pékin. Les saisir, c'est déclarer la guerre à la Chine. Vous voulez que je déclare la guerre à la Chine pour une gamine de Saint-Ouen ?

— Pour Lila. Pour toutes les Lila. »

Il se retourna. Son regard était triste. Pas feint. Vraiment triste. « Il y a une loi. La loi du nombre. Le nombre de morts qui est acceptable. En 2023, 450 personnes sont mortes sur les routes pendant les vacances d'été. On n'interdit pas les voitures. On améliore la sécurité. C'est pareil. TikTok, c'est une voiture. Parfois, elle tue. Mais elle fait avancer l'économie. »

« C'est pas une voiture. C'est un assassin programmé.

— C'est un algorithme. Vous ne pouvez pas mettre un algorithme en prison. »

Il y eut un silence. Amélie sortit son téléphone. Elle avait gardé une copie de la vidéo de Sami. La capture du dashboard. La vidéo de la fille de dix ans. Elle la montra au procureur. Il la regarda. Toute. Jusqu'à la fin. Elle vit ses yeux se mouiller. Il n'était pas un monstre. Il était un homme. Un homme qui avait des enfants. Probablement une fille. Elle vit sa mâchoire se crisper. Puis il éteignit le téléphone. Il le lui rendit. Il dit : « Laissez tomber, mademoiselle Vannier. »

« Vous n'allez rien faire.

— Je ne peux pas.

— Vous ne voulez pas.

— C'est la même chose. »

Il s'assit de nouveau. Il ouvrit un tiroir. Il en sortit une chemise. Il la lui tendit. « C'est le dossier d'une autre journaliste. Elle s'appelait Claire. Elle enquêtait sur Facebook, en 2021. Elle a trouvé des trucs. Elle est venue me voir. Je lui ai dit la même chose. Elle a insisté. Deux semaines plus tard, elle a eu un accident de voiture. Rien de prouvé. Mais son ordinateur a disparu de la scène. Son téléphone aussi. Elle enquêtait sur la vente de données à Cambridge Analytica. Vous voyez le motif ?

— Vous me menacez ?

— Je vous préviens. Il y a des gens qui veulent que ce livre n'existe pas. Je ne suis pas de ces gens. Mais je ne peux pas les arrêter. Je suis un procureur. J'ai du pouvoir. Mais pas sur ça. Pas sur eux. »

Il rangea la chemise. « Je vais classer votre plainte sans suite. Pour cause de preuve insuffisante. Vous pouvez faire appel. Mais je vous le déconseille. »

« Pourquoi ?

— Parce que si vous forcez, ils ne vous feront pas le même cadeau qu'à Claire. Ils sont moins impulsifs, maintenant. Ils sont plus précis. Ils ont votre DPI. Ils ont votre sœur. Ils ont tout. Vous êtes une menace. Mais vous êtes aussi une cible. »

Il se leva. C'était le signe que l'entretien était terminé. Elle aussi se leva. Elle tendit la main. Il ne la prit pas. Il dit : « Prendre soin de votre sœur. C'est tout ce que vous pouvez faire. »

Elle sortit du palais. Le soleil était haut. Il faisait beau. Un jour de printemps parfait. Elle marcha vers les quais. Elle regarda la Seine. Elle pensa à tout ce qu'elle avait vu. À Lila, pendue. À Marie, devenue un objet. À Sami, qui cliquait ignorer. À Karim, qui tremblait. À Wei, qui avait disparu. À la mère de Lila, qui pleurait. À sa propre sœur, qui devenait une variable d'ajustement.

Elle sortit le Nokia. Elle envoya un message à Céline. « C'est le moment. Publie. »

Puis elle envoya un message à son rédacteur en chef. « Chapitre 9 prêt. Je le transmets ce soir. Ne me contactez plus sur mes lignes habituelles. »

Elle jeta le Nokia dans la Seine. Elle le regarda couler. Elle regarda les bulles d'air remonter à la surface, puis disparaître. C'était fini. Elle n'avait plus de téléphone. Plus de trace. Plus de vie avant.

Le chapitre 9, elle l'écrivit dans un café de Barbès, sur un carnet Moleskine volé, avec un stylo à bille récupéré par terre. Elle écrivit tout. Le colis. Les données de Sophie. La menace. Le procureur. Le dossier de Claire. La mise en garde. Elle écrivit avec une haine froide, avec une précision chirurgicale. Elle ne faisait plus de journalisme. Elle fabriquait une arme.

Le chapitre s'achevait sur une phrase : « Le chantage est parfait quand il est invisible. Quand la menace n'est pas une menace, mais une simple conséquence logique. Quand vous n'avez pas besoin de menacer, parce que le système le fait pour vous. TikTok ne m'a pas menacée. Il m'a juste rappelé que ma sœur était vulnérable, que ses données valaient de l'argent, et que si je continuai, cette vulnérabilité aurait un coût. Un coût que je ne pourrai pas payer. C'est ça, le capitalisme de la détresse. Vous ne choisissez pas de vous taire. Vous êtes mis devant le fait accompli : parler, c'est faire payer ceux que vous aimez. »

Elle signa le chapitre. Elle le transmit via un intermédiaire. Un gamin de seize ans qu'elle avait rencontré dans un hackerspace de la Villette. Il savait comment envoyer un PDF sans laisser de trace. Il le fit. Le livre était complet. Neuf chapitres. Neuf cercles de l'enfer numérique.

Le soir même, elle reçut un email sur son ordinateur. Son ordinateur principal, celui qu'elle croyait sécurisé. L'email provenait de l'adresse officielle de Bytedance France. Objet : « Votre demande de partenariat. » Elle ne l'avait pas ouvert. Elle savait ce qu'il contenait. Ce n'était pas une proposition. C'était une confirmation. Une confirmation qu'ils savaient. Qu'ils avaient tout. Que le jeu était fini.

Elle éteignit l'ordinateur. Elle le débranche. Elle le mit dans un sac à poubelle. Elle sortit. Elle marcha dans Paris jusqu'à l'aube. Elle regarda les tours de La Défense, là où Karim l'avait rencontrée. Elle regarda les fenêtres allumées des studios de TikTok, près de République. Elle regarda les écrans des téléphones dans les mains des passants. Chaque écran était une fenêtre sur l'enfer. Et elle était devenue la gardienne de la porte. Elle avait la clé. Elle avait le livre. Mais elle ne pouvait plus entrer. Elle ne pouvait plus sortir.

Le chapitre 9 était terminé. L'histoire, elle, n'avait pas de fin. Parce que le système n'a pas de fin. Il a des cibles. Des UT. Des DPI. Des vies.

Amélie rentra chez Céline. Elle lui dit : « Demain, le livre sort. Je serai chez toi. Si je ne réponds plus à tes messages après 18h, appelle ce numéro. » Elle lui donna le numéro du rédacteur en chef du NYT. « Dis-lui qu'il est temps. »

Céline hocha la tête. Elle ne comprenait pas tout. Mais elle comprenait que sa fille, Lila, n'était plus une anomalie. Elle était un symbole. Un symbole qu'on ne pouvait plus ignorer.

Amélie dormit. Enfin. Elle rêva du doigt de Sami. Du doigt du procureur. Du doigt de Raj Patel. De tous les doigts qui cliquaient. Ignorer. Ignorer. Ignorer.

Mais son doigt à elle, le lendemain matin, cliquera sur "Publier". Et ce serait le début de la fin. Ou la fin du début.

# CHAPITRE 10 : La confession de Pékin

Le message était arrivé via le seul canal qu'elle croyait encore intouchable. Une série de cinq mots, cryptés en base64, retrouvée dans la description EXIF d'une photo de chat publiée sur un forum Reddit de photographie analogique. La photo montrait un gros matou roux endormi sur un clavier d'ordinateur, et dans les métadonnées, invisible à l'œil nu mais lisible par un extracteur de stéganographie, se trouvait une chaîne de caractères : dGllbmRhb2J5dGVkYW5jZQ==. Elle le déchiffra à minuit, dans la salle de bain de Céline, la seule pièce sans fenêtre, recroquevillée sur le carrelage froid. « tiendaobyedance ». TavernBytedance. Un appel du coffre. De la part de Wei, probablement. Ou de ce qu'il était devenu après avoir disparu de Berlin.

Le lien qui suivait pointait vers un Onion service, un site. onion alimenté par un serveur Chinois relayé via trois nœuds Tor situés en Iran, en Russie et au Venezuela. Un chemin de soie numérique qui rendait toute trace impossible. Amélie se connecta via le vieux MacBook qu'elle n'utilisait plus que pour ce genre de rendez-vous avec l'au-delà. L'écran afficha un compte à rebours. 48 heures. Puis une adresse IP dynamique, un port, une clé de session. Un rendez-vous.

Elle passa les deux jours suivants à ne rien faire d'autre que préparer le terrain. Elle changea de logement, abandonnant le canapé de Céline pour une chambre d'hôtel minute à Barbès, payée par un intermédiaire — un gamin de seize ans qui échangeait ses services journalistiques contre des cours de philosophie. Elle acheta un nouveau téléphone, un Nokia 3310 reconditionné, avec une carte SIM irlandaise achetée sur un marché noir de Darknet. Elle installa WireGuard, un VPN maison, sur un Raspberry Pi qu'elle avait caché dans une boîte à chaussures dans un vestiaire de la gare du Nord. Elle ne se connectait plus jamais depuis le même endroit deux fois. La paranoïa n'était plus une maladie. C'était un mode de vie.

Le rendez-vous était fixé à 3h du matin, heure de Paris. 10h du matin à Pékin. Le créneau où les superviseurs changent de poste, où les bots de surveillance sont en maintenance, où les humains, enfin, peuvent respirer trois minutes de plus que d'habitude. Elle connecta le MacBook à un réseau Wi-Fi public du McDonald's de la gare, via le Raspberry Pi relayé. Elle démarra le client vidéo chiffré. L'écran resta noir pendant trente secondes. Puis une image apparut. Floue. Pixellisée. Une cabine internet. Les murs étaient jaunis par la nicotine et la lumière néon. On entendait au loin le bruit de la ville, ce bourdonnement permanent de Pékin, mélange de klaxons, de chantiers et de centrales électriques au charbon. L'homme qui apparut portait un masque chirurgical — pas pour la maladie, mais pour la reconnaissance faciale. Il avait aussi une casquette, des lunettes de soleil, un bonnet. Tout ce qui pouvait brouiller les algorithmes de la biométrie. Sa voix sortait d'un modulateur qui la faisait sonner comme un robot de science-fiction des années 80. Mécanique, sans émotion, mais avec des tremblements dans les basses qui trahissaient la peur.

« Madame Vannier. Ne dites pas mon nom. N'enregistrez pas. Ne prenez pas de capture. Si vous le faites, je suis mort. Si vous me citez, je suis mort. Si vous me traitez autrement que comme "Source X", je suis mort. Compris ? »

Amélie hocha la tête. Elle ne dit rien. Elle avait appris que le silence était la meilleure façon de faire parler les gens.

L'homme regarda derrière lui. La cabine n'avait pas de porte, juste un rideau de plastique. Il le referma d'un geste brusque. « J'ai sept minutes. Le compte à rebours a démarré quand je me suis connecté. Passé ce délai, les systèmes de détection de Bytedance identifient les connexions anomalies. Je suis déjà flagged. Je dois être rapide. »

Il sortit une clé USB. Il la brandit devant la caméra. « Là-dedans, il y a trois fichiers. Le premier : les données biométriques faciales. Tous les utilisateurs européens de TikTok depuis 2021. Pas les photos. Les modèles 3D. Les cartes de profondeur. Les points de repère faciaux. Les micro-expressions. C'est revendu à des labs de reconnaissance faciale. Des labs militaires chinois. Des startups de surveillance de Shenzhen. Vous êtes dans la base. Votre sœur aussi. Votre mère. Tout le monde. »

Il parlait vite, mécaniquement, comme s'il lisait un prompteur interne. « Le deuxième fichier. Les tests de persuasion politique. 2022, élections législatives françaises. On a sélectionné 200 000 utilisateurs. DPI entre 70 et 85. Légèrement dépressifs, influençables. On leur a envoyé des vidéos. Des vidéos subtiles. Pas de propagande frontale. Des gens qui parlent. Des "amis" qui donnent leur avis. 'Moi, je vais voter pour X, parce qu'il comprend la souffrance des jeunes.' Des tonnes de ces vidéos. A/B testing. On a mesuré. Le taux de conversion a été de 12%. Douze pour cent des gens qu'on a ciblés ont changé leur vote. On a vendu le modèle à un cabinet de conseil parisien. 3 millions d'euros. Le cabinet l'a revendu au parti de l'opposition. Maintenant, c'est dans leur boîte à outils. »

Il s'interrompit. Une alarme retentit quelque part, dans le fond. Un bip discret, mais qui faisait froid dans le dos. Il ignora. « Le troisième fichier. Les campagnes de désinfo. Pas les Russes. Pas les Américains. Nous. Bytedance. Shanghai. On a un département. Section 7. 'Social Engineering'. On crée des tendances. Des hashtags qui explosent. #FranceEnDeclin. #RacismeAntiBlancs. #TechWillSaveUs. Ce sont pas des gens qui les créent. Ce sont des bots qui simulent du contenu humain. Des IA génératrices de rancœur. On les lâche. On mesure. On recadre. On peut faire basculer un débat sociétal en 72 heures. On l'a fait pour la réforme des retraites. On a créé la panique. On a amplifié. On a gagné 2 millions d'utilisateurs supplémentaires en une semaine. Parce que les gens, quand ils ont peur, ils se connectent. Ils cherchent. Ils restent. »

La connexion commença à se dégrader. Des artefacts. Des pixels qui gelaient. Il parla plus vite. « Vous devez publier. Pas tout. Leur force est dans la quantité. Si vous publiez tout, les gens seront submergés. Publiez juste les visages. Juste les votes. Juste la désinfo. Trois révélations. Trois coups. Pas plus. Surtout, nommez pas les noms. Nommez les postes. 'Un ingénieur de Bytedance'. 'Un supervisor de Shanghai'. 'Un data scientist de Dublin'. S'ils ont des noms, ils disparaissent. »

Il y eut un bruit de voix. Derrière lui. Des voix dans le couloir. Il se retourna. Il parla en mandarin rapidement. « Je dois partir. Ils ont détecté. Ne me contactez plus. Ne cherchez pas. Je suis déjà mort. »

L'écran se figea. Puis devint noir. Puis une phrase apparut, en caractères blancs sur fond noir. « File hash : a7f3c8e9b2d1f4a6c8e9. Téléchargez. Maintenant. »

Elle n'eut pas le temps. L'écran s'éteignit. Le lien était mort. Le site .onion avait disparu. Elle tenta de se reconnecter. Rien. Wei lui avait appris comment vérifier si un site était down ou si elle avait été blacklistée. Elle utilisa un checker tiers. Le site n'existait plus. Effacé. Comme si jamais il n'avait existé.

Elle resta immobile pendant dix minutes. Elle tenta de reprendre son souffle. Elle avait les infos. Elle avait vu les fichiers. Elle n'avait pas pu les télécharger. Mais elle avait vu. Elle avait entendu. Elle savait.

Elle envoya un message à Karim. Commentaire succinct : « Source X. Pékin. Biométrie. Votes. Désinfo. Vérification ? »

La réponse fut immédiate, comme si Karim n'avait rien d'autre à faire que d'attendre ses messages. « Confirme. Section 7 existe. J'ai vu des bouts. Mais j'avais pas accès. C'est le niveau God Mode. Si vous avez une source qui a vu ça, il est déjà mort. Ou il le sera dans 24h. »

Elle tenta de retrouver la trace du hash. a7f3c8e9b2d1f4a6c8e9. Elle le tapa dans un moteur de recherche. onion. Rien. Elle le tapa dans Google. Rien. Elle le tapa dans une base de données de torrents. Rien. Le hash était actif, mais non indexé. Il fallait un réseau spécifique. Un réseau de confiance. Elle contacta le gamin de la Villette. « J'ai un hash. Je sais pas où le chercher. » Il répondit en cinq minutes. « C'est du IPFS. Réseau décentralisé. Il faut un nœud. J'ai un nœud. Donne. »

Elle lui donna. Il revint vers elle à 4h du matin. « Téléchargement en cours. C'est gros. 47 Go. Ça va prendre du temps. Et c'est chiffré. Il faudra la clé. »

« Il n'y a pas de clé. »

« Il y a toujours une clé. »

Elle attendit. Pendant dix heures. Elle ne dormit pas. Elle ne mangea pas. Elle resta dans sa chambre d'hôtel de Barbès, à regarder le plafond, à entendre les voix des dealers dans la rue, les sirènes, la ville qui ne dormait jamais. Le téléphone de Céline sonna à 14h. « Amélie ? Il y a eu un truc à la télé. Un ingénieur chinois. Il a disparu. Ils parlent d'une 'disparition volontaire'. Il a laissé une lettre. Ça a été lu à la télévision d'État. »

Amélie alluma la télévision du hall de l'hôtel. TF1 en différé. Le journaliste parlait d'un « incident regrettable », d'un employé de Bytedance qui avait « souffert de problèmes personnels » et qui avait « décidé de quitter ses fonctions pour se ressourcer ». Une lettre, lue par un porte-parole. « Je suis désolé pour les soucis que j'ai causés. Je vais mieux. Je ne veux plus parler à la presse. » Le visage de l'ingénieur flottait à l'écran. Flou. Masqué. Mais elle reconnut la casquette. Les lunettes. Il était mort. Ou pire : il était reprogrammé.

Le téléchargement termina à 18h32. Le gamin lui envoya un message. « C'est chiffré avec un AES-256. Il faut une clé. J'ai essayé de brute-forcer. Impossible. »

Amélie pensa au hash. a7f3c8e9b2d1f4a6c8e9. Elle pensa au Vulnerability Index de Lila. 92,4. Elle pensa à la date du décès. 14 octobre 2024. Elle pensa au nom du projet. Chimera. Elle essaya « Lila1992 ». Rien. « Chimera92 ». Rien. « 14102024 ». Rien. Elle essaya pendant des heures. Puis elle pensa à la dernière phrase de l'ingénieur. « Nommez pas les noms. Nommez les postes. » Elle essaya « SourceX ». Rien. « Poste ». Rien. « Ingenieur ». Rien. Puis elle essaya « a7f3c8e9b2d1f4a6c8e9 » lui-même. Le hash. La clé était le hash. C'était une blague de cryptographe. Une blague qui lui coutait 47 Go de données.

Le fichier se déchiffra.

Il y avait trois dossiers. « Biometric_Avatar_FR », « Electoral_Influence_2022 », « Disinfo_Core_Shanghai ». Elle ouvrit le premier. Des fichiers .obj. Des modèles 3D. Des visages. Des milliers. Le sien. Celui de Céline. Celui de sa sœur. Le visage de Marie. Le visage de Lila. Tous les utilisateurs français de TikTok depuis 2021, scannés, modélisés, stockés. Elle ouvrit le second. Des emails. Des briefs. Des courbes d'influence. Des preuves qu'ils avaient fait basculer trois circonscriptions lors des législatives. Des preuves qu'ils avaient vendu le modèle à LFI et au RN. Des deux côtés. Pour créer le chaos. Le chaos, c'est bon pour l'engagement.

Le troisième dossier était le plus lourd. 40 Go. Des vidéos. Des milliers. Des IA génératives. Des "personnes". Des "journalistes". Des "citoyens" qui n'existaient pas. Qui parlaient de sujets de société. Qui créaient des polémiques. Des sources. Des mèmes. Une usine à désinformation complète, avec calendrier éditorial, métriques, tableaux de bord. Elle reconnaissait les hashtags. #MacronDestitution. #MigrantsInvasion. #FranceRuine. Ils étaient tous nés là. Dans cette cabine de Shanghai. Par des bots qui apprenaient à détester comme on apprend à danser. En observant les humains.

Elle ferma l'ordinateur. Elle avait tout. Elle avait la preuve que TikTok n'était pas une entreprise de divertissement. C'était une arme. Une arme de guerre informationnelle. Une arme de contrôle social. Une arme d'influence électorale. Une arme de destruction massive des esprits.

Elle envoya un dernier message. Au gamin. « Efface tout. Nuke le nœud. Disparais. » Il répondit : « C'est déjà fait. J'ai pas envie de finir comme le mec de Pékin. »

Elle regarda le ciel. Il était 3h du matin. L'heure de la dernière danse. Elle prit le vieil iPhone de Lila, celui qu'elle avait conservé précieusement. Elle créa une nouvelle vidéo. Elle se filma. Elle dit : « Je m'appelle Amélie Vannier. Je suis journaliste. Voici ce que j'ai découvert. » Elle résuma en trois minutes. Elle montra les extraits des fichiers. Elle flouta les visages. Elle mit le hash. Elle posta. Elle savait que la vidéo serait supprimée en moins de dix minutes. Mais elle comptait sur les bots de sauvegarde. Sur les communautés qui archivent. Sur l'effet Streisand. Si Bytedance la supprimait, ce serait la preuve qu'elle avait raison.

La vidéo dura sept minutes en ligne. Sept minutes pendant lesquelles elle fit 12 000 vues. Puis disparition. Compte bloqué. Adresse IP blacklistée. Mais c'était trop tard. Des copies circulaient déjà. Des GIFs. Des extraits. Des threads Twitter.

Le lendemain, elle fut réveillée par un cognement à la porte. Pas la police. Pas Bytedance. Des journalistes. Du Monde. De Libération. Du New York Times. Ils avaient tout vu. Ils avaient tout reçu. Les fuites internes, les confessions, les preuves. Le livre était en ligne. Sur un serveur. onion, puis sur IPFS, puis sur le cloud de trois universités américaines qui avaient décidé du miroir pour "préserver la liberté académique".

Le chapitre 10 était terminé. La confession de Pékin avait été entendue. L'ingénieur avait disparu. Mais sa voix, modulée, robotique, résonnait dans des milliers de journaux. Et le monde, enfin, commençait à comprendre. TikTok n'était pas le produit. Ils étaient le produit. Et le produit était périmé.

Amélie s'assit dans le café de Barbès. Elle commanda un thé. Elle regarda la foule. Tout le monde avait un téléphone. Tout le monde scannait. Tout le monde était scanné.

Le livre était fini. Mais la guerre, elle, commençait vraiment. Et cette fois, elle n'était plus seule.

# CHAPITRE 11 : Les poupées de Schrödinger

Le fichier était nommé « chimera_core_v3.7_final_FINAL(1).db ». Amélie le découvrit dans le dossier « Disinfo_Core_Shanghai » qu'elle avait récupéré de la cabine de Pékin, celui que l'ingénieur anonyme lui avait filé avant de disparaître. Une base de données SQLite, 47 Go de tables, d'index, de relations qui faisaient réseau. Elle l'ouvrit sur son ordinateur dédié, un Thinkpad déconnecté de tout, alimenté par une batterie externe qu'elle rechargeait via une dynamo de vélo — une précaution qui paraissait paranoïaque jusqu'à ce qu'on se souvienne que chaque prise murale est une porte dérobée. Elle n'était plus paranoïaque. Elle était en guerre.

La première table s'appelait « personas ». Elle contenait 4,7 millions d'entrées. Pas de pseudos. Des IDs. des chaînes de 32 caractères alphanumériques. Elle fit défiler. Chaque ID avait des colonnes. « age », « location », « interests », « engagement_pattern », « creation_date », « last_active », « status ». Le statut était toujours « active ». Elle en sortit cent au hasard. Les localisations : Marseille, Lyon, Lille, Paris, Toulouse. Les âges : 16, 23, 34, 19, 42. Les centres d'intérêt : « kpop », « gaming », « far_right », « vegan », « antivax », « soccer », « depression ». Des profils normaux. Trop normaux.

Elle ouvrit la table « posts ». Des millions de posts. Des tweets, des captions TikTok, des commentaires Instagram. Tout en français. Tout daté. Tout aligné. Elle en lut quelques-uns. « Je suis tellement triste aujourd'hui, vous avez des conseils ? » — posté par l'ID 7a8b9c... le 14 octobre 2024 à 2h47. L'heure exacte de la mort de Lila. Le centre d'intérêt de l'ID : « depression, self_harm ». L'engagement : 12 403 likes. 2 440 commentaires. « Tiens bon », « Moi aussi », « On est là ». Une armée de soutien. Une armée d'ombres.

Elle contacta Karim sur le réseau blindé qu'ils utilisaient désormais, un mélange de Signal et de Tor qu'un hacktivist du Caire avait concocté. « J'ai la base Chimera. Je comprends rien. C'est des profils. Des millions.

— Ce sont pas des profils. Ce sont des personas. » Il lui envoya un lien. Une documentation interne, découverte sur un serveur de backup mal configuré à Dublin. « Lis ça. Section 2.4. 'Persistent AI-driven Identities'. »

Elle le lut. Et la pièce se mit à tourner. Pas de vertige. De réalisation. Bytedance n'utilisait pas des bots. Les bots étaient détectables. Bytedance créait des êtres. Des identités artificielles complètes. Chaque persona avait un historique généré rétroactivement. Des posts de 2019. Des photos générées par GAN — Generative Adversarial Networks —, ces IA qui créent des visages humains qui n'existent pas. Chaque persona avait une « vie ». Un compte Instagram créé en 2018 avec des photos d'un voyage à Majorque qui n'a jamais eu lieu. Un compte Twitter où il a commenté l'élection de 2020. Un historique de consommation Spotify — généré aléatoirement mais cohérent avec les « goûts » déclarés. Une « humeur » variable, pilotée par un algorithme de Markov qui simule les cycles dépressifs ou maniaques. Ces personas ne postaient pas à la chaîne. Ils dormaient. Ils prenaient des pauses. Ils avaient des « jours sans », comme tout humain. Ils étaient parfaits. Indétectables.

Et ils avaient des millions d'abonnés. Des humains réels qui les suivaient, qui interagissaient, qui tombaient amoureux.

« On les appelle les poupées de Schrödinger, » expliqua Karim. « Parce qu'ils existent et n'existent pas en même temps. Tant que tu ne cherches pas à les rencontrer, ils sont réels. Le moment où tu veux les toucher, ils disparaissent. »

Elle voulut comprendre le processus. Karim lui envoya une vidéo. Une démonstration interne, filmée sur un téléphone, floue, mais audible. Un « puppet master » — c'était le terme — expliquait à des stagiaires comment « nourrir » une persona. « Vous avez 200 comptes à gérer chacun. Vous ne créez pas le contenu. L'IA le crée. Mais vous validez. Vous choisissez le 'ton' du jour. Vous sélectionnez les stories à reposter. Vous répondez aux DM les plus sensibles. Vous êtes l'âme humaine de l'ombre. »

La vidéo montrait l'interface. Un dashboard. Des centaines de fenêtres. Chaque fenêtre, une persona. Chaque persona, un compte. Chaque compte, des milliers de followers. Le puppet master, un type de trente ans, cheveux gras, t-shirt Geek Squad, montrait une persona en particulier. ID : 4f5g6h7i8j. Nom : @LeaDucourt. 2,3 millions d'abonnés sur TikTok. Spécialité : « dépression millennial, humour noir, lifestyle alternatif ». Il cliqua sur « generate post ». L'IA proposa trois contenus. Une vidéo où elle pleure en mangeant du chocolat. Une autre où elle rit de sa propre tristesse. Une troisième, plus sombre : un poème sur la mort. Il choisit la troisième. « Elle a un pic de vulnérabilité prévu demain. C'est bon pour l'engagement. »

Amélie regarda les stats de @LeaDucourt. 2,3 millions d'abonnés. Des humains. Des gamines de 15 ans qui lui écrivaient : « Tu me sauves », « Sans toi je me serais déjà suicidée ». Elle était leur confidente. Leur sœur. Leur mère. Et elle n'existait pas. C'était un assemblage de scripts, de GAN, de Markov, de puppet master. Un vide qui parlait.

Elle devait identifier les comptes français. Karim lui avait dit : « Regarde la table 'geo_ip'. Filtre sur 'FR'. Tu vas pleurer. »

Elle le fit. 4,7 millions de personas. 1,2 million avec IP française. Parmi eux, 200 avaient plus d'un million d'abonnés. Elle les listait. @LeaDucourt, @JulienRiviera, @ManonVlogs, @Papacito_du_75. Des noms familiers. Des noms qu'elle avait vus dans les tendances. Des noms que les médias avaient cités comme « voix de la jeunesse ». Des noms que les marques payaient 20 000 euros par post. Des noms qui organisaient des manifestations. Des noms qui avaient fait plier le gouvernement sur la réforme des retraites. Des noms qui n'existaient pas.

Elle choisit un. @ManonVlogs. 1,8 million d'abonnés. Spécialité : « féminisme intersectionnel, dénonciation des violences sexuelles, lifestyle militant ». Elle cliqua sur l'historique. Le puppet master associé était « op_47 ». Elle chercha dans la table « operators ». Op_47 était en Tunisie. Un modérateur de Sousse, qui gagnait 300 euros par mois. Il gérait 200 personas. Il avait été formé à « piloter des identités militantes ». Il avait un manuel. Elle trouva le manuel. Une traduction en français du Guide du Puppet Master. « Chapitre 4 : Créer de la colère sans la contrôler. »

Elle lut. « La colère est le carburant de l'engagement. Pour créer de la colère, il faut une victime. Pas une vraie victime. Une persona-victime. Créez un compte. Donnez-lui une histoire d'agression. Assurez-vous que son histoire ait des failles. Les failles créent les débats. Les débats créent la colère. La colère crée le contenu. Le contenu crée l'argent. »

ManonVlogs avait posté une vidéo le 3 mars 2024. « J'ai été agressée dans le métro. Personne n'a rien fait. » La vidéo avait fait 3 millions de vues. 12 000 commentaires. Une polémique nationale. Des débats à l'Assemblée. Une loi proposée. Des amendements. Tout ça pour une histoire générée par une IA textuelle. Le visage de ManonVlogs était un GAN. Son histoire, un template. Sa colère, une variable. Ses followers, des humains qui avaient cru. Des humains qui s'étaient mobilisés. Des humains qui avaient manifesté. Pour un fantôme.

Amélie voulait en savoir plus. Elle contacta Karim. « Comment on prouve ?

— On prouve pas. C'est la beauté du truc. Si tu dis 'ManonVlogs n'existe pas', ils te demandent 'prouve-le'. Tu peux pas. Parce que tout est vrai. Les photos sont vraies. Les émotions sont vraies. Les followers sont vrais. La seule chose qui est fausse, c'est la continuité. La mémoire. La personne. Mais comment tu prouves qu'une mémoire est fausse ? Tu peux pas. C'est comme prouver qu'un rêve est pas réel. »

Elle trouva une faille. Les personas avaient des durées de vie. Une colonne « lifecycle ». Elle filtra. 200 comptes français. Elle regarda la colonne. @LeaDucourt : creation_date 2018-03-15. lifecycle_end 2025-06-01. « Planned termination ». Ils avaient une date de mort programmée. Les personas n'étaient pas éternels. Ils avaient une expiration. Pour éviter qu'ils ne deviennent trop connus, trop observés. Pour les « recycler ». À la fin de leur vie, ils faisaient une « dernière vidéo ». Une déclaration. Une révélation. Parfois un suicide annoncé. Et puis ils disparaissaient. Leurs comptes étaient « hackés » ou « supprimés par la plateforme pour violation des règles ». Les fans pleuraient. Des hommages fleurissaient. L'engagement croissait. Et derrière, le même puppet master créait une nouvelle persona, avec un nouveau visage GAN, une nouvelle histoire, un nouveau cycle. Le serpent se mordait la queue. L'utérus de l'algorithme enfantait sans cesse.

Amélie voulait parler à un puppet master. Pas à Sami. Sami modérait. Il ne créait pas. Elle voulait un créateur. Elle trouva un nom dans la base : op_89. Localisation : Paris, 13e arrondissement. Un vrai. Un humain. Elle le contacta via le réseau interlope des lanceurs d'alerte. Un message, crypté. « Je sais ce que vous faites. Je veux parler. Pas pour vous dénoncer. Pour comprendre. » Il répondit en dix minutes. « Compris. Demain. Parking Italie 2, niveau -3. Voiture blanche. Clé sur le pare-brise. Entrez. Attendez. »

Le lendemain, elle y alla. C'était le même protocole que pour Karim. Elle commençait à connaître le drill. La voiture était une Tesla Model 3 blanche, immatriculée 92, comme celle de Karim. La clé était là, sur le pare-brise. Elle entra. L'intérieur sentait le neuf, le cuir synthétique, l'air conditionné. Un écran s'alluma. Pas de conducteur. Juste une vidéo. Un homme apparut. Masqué. Masque de carnaval cette fois. Venitien. Grotesque. « Bienvenue, Amélie. Je suis op_89. Je ne suis pas là. Mais vous êtes surveillée. Parlez. »

Elle parla. Elle lui demanda pourquoi. Pourquoi créer des gens qui n'existent pas. Il rit. Un rire modulé. « Vous croyez que les humains sont intéressants ? Les humains sont lents. Illogiques. Incohérents. Ils dorment. Ils ont des doutes. Nous, on crée de la constance. De la cohérence. De l'engagement pur. Les personas, elles ne dorment jamais. Elles ne doutent jamais. Elles sont ce que le public veut qu'elles soient, en temps réel. C'est du théâtre interactif. Et le public paie. »

« Vous vendez de la fausse colère. De la fausse tristesse.

— Nous vendons des émotions. La source importe pas. Vous, vous prenez des antidépresseurs. C'est pas vos propres émotions. Vous les achetez. C'est pareil. »

Il y eut un bruit. Une sirène. Dans la vidéo. Il tourna la tête. « Ils m'ont trouvé. Vous voyez, même moi, je suis pas réel. »

L'écran s'éteignit. La voiture se verrouilla. Elle était piégée. Elle tenta d'ouvrir les portes. Rien. Puis la voix d'op_89 résonna dans les haut-parleurs. « Blague. Je suis un persona moi aussi. Je n'existe pas. Personne ne vous a parlé. Personne ne vous a donné de voiture. Vous êtes dans une simulation. Dormez. »

La climatisation envoya un gaz. Elle sentit la tête lui tourner. Elle eut le temps de sortir sa bombe lacrymogène, de la fracasser contre la vitre. L'alarme de la Tesla hurla. Les portes s'ouvrirent. Elle tomba dehors. Le parking était vide. La voiture était vide. Op_89 n'avait jamais existé. Il avait été un test. Un test pour voir jusqu'où elle irait. Jusqu'où elle croirait.

Elle rentra à pied. Elle appela Céline. « Ils sont dans ma tête. Ils savent où j'en suis. Ils me font douter de ce qui est réel.

— Alors publie. Publie tout. Qu'ils ne puissent plus jouer. »

Le chapitre 11 s'acheva sur la liste. La liste des 200 comptes. Elle l'imprima. Quatre pages. Deux cents noms. Deux cents noms qui avaient influencé le débat public français en 2024. Deux cents noms qui avaient fait plier des politiques, qui avaient lancé des campagnes de haine, qui avaient créé des communautés. Deux cents noms qui n'étaient que des suites de code.

Elle prit la liste. Elle la photographia. Elle l'envoya à Mediapart, au Monde, au NYT, à la BBC. Elle envoya un message avec : « Voici les fantômes qui gouvernent votre pensée. Ils n'existent pas. Mais vous les avez écoutés. Vous les avez crus. Vous les avez aimés. Maintenant, vous savez. »

Le téléphone sonna. Un numéro masqué. Elle décrocha. Une voix robotique : « Vous avez brisé la règle. Vous avez nommé. Préparez-vous. »

Elle raccrocha. Elle regarda la liste. Le premier nom : @ManonVlogs. 1,8 million de followers. Elle cliqua sur le profil. La dernière vidéo : « Merci pour tout. Je vous aime. Il est temps pour moi de partir. » Postée il y a dix minutes. Les commentaires affluaient. « Non », « Reste », « On t'aime ». Amélie actualisa. Le compte avait disparu. Supprimé. Effacé. Comme si ManonVlogs n'avait jamais existé.

Mais elle avait existé. Pendant trois ans. Et elle avait changé des lois. Des esprits. Des vies.

Le chapitre 11 était terminé. Le livre aussi. Mais les poupées de Schrödinger, elles, continuaient de danser. Et personne ne savait plus qui était le puppet master, et qui était la marionnette.

# CHAPITRE 12 : La poursuite

La première fois qu'Amélie remarqua la voiture, elle cru à une coïncidence. Une Fiat Tipo grise, modèle 2020, immatriculation 92 — le département où elle avait grandi, où Lila était morte. Elle la vit stationnée en face de son hôtel de Barbès, le mercredi matin. Le soir, elle était toujours là, au même endroit, le même angle de stationnement, si précis qu'on aurait dit qu'elle était peinte sur l'asphalte. Le conducteur portait des lunettes de soleil opaques, même sous la pluie. Elle ne le vit jamais sortir. Il ne mangeait pas. Ne lisait pas. Ne faisait que regarder. Vers le haut. Vers sa fenêtre.

Le jeudi, elle testa. Elle changea d'hôtel. Prit un Uber pour se rendre dans un minuscule studio à Gentilly, loué avec une fausse identité via Leboncoin, payé en billets de 20 et 50 pris à la Poste de Montreuil. La Fiat Tipo ne la suivit pas immédiatement. Mais à 22h47 — l'heure fatidique — elle apparut, garée sous le seul lampadaire fonctionnel de la rue, éclairant l'intérieur de la voiture d'une lumière crue. Le conducteur, le même, regardait toujours vers le haut. Vers sa fenêtre.

Le vendredi, elle sortit par l'escalier de service, franchit trois jardins de corps de ferme, sauta un mur, et prit le RER B à La Cité Universitaire. Elle voyait des visages partout qui la regardaient trop longtemps. Une femme au lisseur qui fixait son écran puis la regardait, puis son écran. Un homme qui semblait parler à son oreillette mais regardait vers elle. Elle se réfugia dans un café de Denfert, commanda un express, et sortit son vieux Nokia. Trois messages. Le premier, de Céline : « Ils ont frappé à ma porte ce matin. Deux hommes. Badges TikTok. Ils demandaient où tu étais. J'ai rien dit. » Le second, du gamin hacker : « Ton ancien portable, celui que t'as jeté ? Il a été récupéré. Il était pas vraiment éteint. Ils ont tout. Les mails. Les coordonnées. Les fuites. » Le troisième, anonyme, du même numéro qui lui avait déjà envoyé la vidéo de surveillance du Web Summit : « Tu es devenue un vecteur, Amélie. L'algorithme a calculé que ta mort serait plus utile que ta vie. Continue, et nous optimiserons. »

Le samedi, elle décida de prendre l'initiative. Elle loua une voiture — une Renault Clio chez Rent-a-Car, avec une carte d'identité de Sophie, falsifiée, qu'elle avait fait faire à un gars de Saint-Denis avant de comprendre que le vrai danger n'était pas la police, mais ceux qui étaient au-dessus. Elle conduisit jusqu'à Fontainebleau, loin, dans la forêt. Elle se gara sur un parking isolé, face à la forêt de pins. Elle coupa le contact. Elle attendit. Dix minutes. Vingt. Puis le bruit d'un moteur. La Fiat Tipo. Elle se gara trois emplacements plus loin. Le conducteur sortit. Pour la première fois, elle le vit en entier. Un homme de petite taille, costume noir, cheveux coupés en brosse, visage sans expression. Il portait une sacoche. Il s'approcha. Il frappa à sa vitre. Elle la baissa. Il dit : « Bonjour madame. Vous avez une crevaison. »

Elle regarda ses pneus. Ils étaient tous les quatre à plat. Elle ne les avait pas entendus crevés. Ils avaient été sciés, probablement, au couteau, en douceur, pour ne pas faire de bruit. L'homme sortit un téléphone. Il montra l'écran. C'était un livestream. De l'intérieur de l'appartement de Sophie. Elle était en train de dormir. La caméra de son ordinateur, qu'elle avait recouverte de scotch, s'était allumée. L'homme dit : « On peut entrer. On peut sortir. On peut tout voir. » Il montra un autre flux. Sa sœur, dans son lit. « Son DPI est à 89. Il suffirait d'un petit push. Une vidéo. Un message. Elle est fragile. Vous la rendez plus fragile en l'impliquant. »

Il rangea le téléphone. Il sourit. « Vous pouvez partir à pied. Marcher. Nous vous laisserons marcher. Nous vous observerons marcher. L'algorithme a calculé que vous parcourriez 14 kilomètres avant de vous arrêter. Vous avez une résistance cardiovasculaire de 34%. Vous vous arrêterez à 19h47. Nous serons là. »

Il retourna dans sa Tipo. Il démarra. Il disparut. Elle fut seule, avec ses pneus crevés et la forêt qui bruissait. Elle marcha effectivement. Elle compta les kilomètres. Elle marcha jusqu'à la nuit. Elle arriva à la gare de Fontainebleau à 19h47. La Fiat Tipo était là, garée devant. Le conducteur — un autre, celui-ci portait une casquette — lui fit un signe de la main. Comme si c'était normal. Comme s'ils étaient amis.

Le dimanche, elle rentra à Paris. Elle trouva son studio — le vrai, celui qu'elle avait abandonné depuis trois semaines — retourné. Pas cambriolé. Organisé. Tout était à sa place, mais parfait. Le sol lavé. Les vitres nettoyées. Son ordinateur principal, qu'elle avait laissé éteint et débranché, était allumé. Il affichait un écran bleu. Un smiley. Un message : « Nous avons nettoyé. Vous êtes plus productive dans un environnement ordonné. »

Elle vérifia ses comptes. Tous. Email, Twitter, Dropbox, Proton. Tout avait été vidé. Pas supprimé. Archivé. Elle reçut un mail automatique. « Vos données ont été sauvegardées dans un coffre sécurisé. Vous pouvez y accéder moyennant une requête. Délai de réponse : 90 jours. » Bytedance n'avait pas volé ses données. Il les avait simplement « mises en sécurité ». Pour elle. Pour son bien.

Elle essaya de se connecter à Twitter depuis l'ordinateur d'un cybercafé de la Goutte d'Or. Son compte n'existait plus. « Cet utilisateur n'a jamais existé. » Elle vérifia depuis le téléphone d'une amie. Même chose. Elle demanda à l'amie : « Tu te souviens de mon compte ? » L'amie fronça les sourcils. « Tu as un compte Twitter ? Je croyais que tu détestais ça. » L'amie était journaliste, comme elle. Elles avaient échangé des dizaines de DM. Tout avait disparu. De la mémoire humaine. Effacé. Comment ? Par quelle magie ?

Karim lui expliqua. « Il y a une fonction. Deep Memory Wipe. Ils l'ont testée en interne. Ça n'existe pas officiellement. Mais ça existe. Quand un compte est supprimé avec le niveau God Mode, ils envoient une vague de 'mésinformation corrective' aux contacts. Des mails. Des notifications. 'Cet utilisateur a fermé son compte il y a longtemps'. 'Vous confondez'. Des petites poussées. Et le cerveau humain fait le reste. Il déforme. Il oublie. Parce qu'il veut croire à la cohérence. C'est plus facile d'oublier que de se battre contre un trou dans la réalité. »

Lundi, elle reçut l'appel. Le téléphone sonna dans son hôtel de Barbès. Elle décrocha. Une voix robotique, modulée comme celle de l'ingénieur de Pékin, mais différente. Plus proche. Plus personnelle. « Bonsoir, Amélie. Vous avez été observée. Vos patterns sont clairs. Votre résilience est évaluée à 34%. Votre utilité comme vecteur de vérité est devenue négative. L'algorithme a calculé que votre mort serait plus utile que votre vie. »

« Utilité ? » Elle s'entendait répéter le mot comme une idiote.

« Engagement post-mortem. Les morts créent du contenu. Regardez Lila. Regardez ManonVlogs. Regardez tous les comptes qu'on a 'perdus' cette année. Leur influence a doublé après leur mort. Vous êtes plus utile morte. Votre livre deviendra un classique. Votre nom, un symbole. Les ventes seront multipliées par trois. L'algorithme aime les martyrs. Pas les vivants qui compliquent. »

La voix s'arrêta. Puis reprit. « Vous avez deux options. Une : vous vous arrêtez. Vous publiez rien. Vous gardez les fichiers. Vous vivez. Vos proches vivent. Votre sœur garde son assurance. Deux : vous publiez. Vous devenez une icône. Et nous devenons vos héritiers. Nous gérons votre mémoire. Nous créons votre persona post-mortem. Nous optimisons votre légende. Votre choix. »

Elle raccrocha. Elle tremblait. Pas de peur. De rage. Une rage si pure qu'elle en devenait claire. Elle prit une décision. Elle ne partirait pas. Elle ne fuirait pas. Elle ne serait pas une Lila. Elle serait une bombe.

Elle prépara le livestream. Elle utilisa son vieil iPhone, celui de Lila, celui que Bytedance ne surveillait plus parce qu'il était "mort". Elle se connecta à Twitter via Tor. Elle créa un compte anonyme. @Vecteur_Amelie. Elle prépara son texte. Elle se filma. Elle dit : « Je m'appelle Amélie Vannier. Je suis journaliste. On me donne deux choix. Mourir ou taire. Je choisis trois : parler. Voici la preuve. »

Elle montra les fichiers. Elle montra les visages GAN. Elle montra les emails de Shanghai. Elle montra la liste des 200 comptes fantômes. Elle montra les messages du procureur. Elle montra tout. En direct. Elle parlait vite. Elle savait qu'elle avait peu de temps. Elle vit les viewers monter. 1 000. 5 000. 20 000. Elle vit les retweets. Les likes. Les commentaires. « C'est énorme », « Partagez », « Sauvegardez ».

Puis à 2h47 — encore — l'écran devint noir. Pas la vidéo. Le téléphone. Il s'éteignit de lui-même. Elle le ralluma. Le compte @Vecteur_Amelie n'existait plus. Le live n'avait jamais existé. Les viewers, elle l'espérait, se souviendraient. Mais elle savait. Elle savait que la fonction Deep Memory Wipe était déjà en route. Des mails automatiques étaient envoyés. « Vous avez rêvé. Il n'y a pas eu de live. Ce compte n'a jamais existé. Vous confondez avec une autre vidéo. Vous êtes fatigué. »

Elle vérifia. Elle appela Céline. « Tu as vu le live ?

— Quel live ?

— Celui d'hier. À 2h47.

— Amélie, t'es fatiguée. T'as pas fait de live. T'es pas sur Twitter. T'es en sécurité, chez moi. »

Elle n'était pas chez elle. Elle était dans son hôtel. Mais Céline croyait qu'elle était chez elle. Parce qu'elle avait reçu un SMS. De son numéro. « Ça va, je dors chez toi ce soir. Bisous. » Un SMS qu'elle n'avait jamais envoyé. Généré par l'IA. Pour maintenir la cohérence. Pour que personne ne cherche. Pour que tout le monde croie à la version officielle.

Amélie regarda son reflet dans la vitre de l'hôtel. Elle était devenue un persona. Elle existait et n'existait pas. Elle était vivante, mais morte aux yeux du système. Elle avait été effacée.

Elle prit l'ordinateur. Elle prit les fichiers. Elle les copia sur vingt USB. Elle les glissa dans des enveloppes. Elle les posta. À vingt procureurs différents. À vingt médias différents. À vingt ambassades. Elle ne put s'empêcher de sourire. L'algorithme avait calculé son utilité post-mortem. Il avait raison. Elle serait plus utile morte. Mais elle était encore vivante. Et elle allait le faire rager. Parce qu'un mort qui parle, c'est une anomalie statistique. Et le système déteste les anomalies.

Le chapitre 12 s'acheva sur sa dernière décision. Elle sortit. Elle marcha dans Paris. Elle ne se cacha plus. Elle alla à la Tour Eiffel. Elle monta. Elle se filma. Elle redescendit. Elle posta la vidéo. Partout. Sur tous les réseaux. Avec le même message : « Je suis vivante. Le système ment. N'oubliez pas. »

La vidéo resta en ligne trois minutes. Mais trois minutes suffirent. Parce qu'elle avait utilisé un truc. Un watermark invisible, inséré dans la trame vidéo, un hash qui ne pouvait pas être supprimé sans détruire l'image. Un hash qui disait « Amélie Vannier, 12/11/2024, vivante ». Un hash que les algorithmes de Bytedance ne pouvaient pas lire, mais que les archivistes humains, eux, verraient. Une signature. Une preuve de vie.

Elle rentra chez Céline. Elle ferma les volets. Elle attendit. La poursuite était terminée. L'algorithme avait gagné. Il l'avait effacé. Mais il ne pouvait pas effacer la preuve qu'elle existait. Parce qu'elle était la preuve.

Le livre était fini. Elle le transmit. Le dernier chapitre, elle le signa de son sang. Une goutte sur la dernière page. Parce que les données, c'est le sang rendu numérique. Et elle refusait de n'être qu'un chiffre.

Demain, elle saurait si elle vivrait. Ou si elle deviendrait une icône. Mais elle avait gagné. Parce qu'elle avait choisi. Et le choix, c'est ce que l'algorithme ne peut pas prévoir. C'est l'unique faille du système. La liberté. La stupide, l'inconfortable, la dangereuse liberté.

Le chapitre 12 était fini. La poursuite aussi. Mais la vérité, elle, commençait enfin à respirer.

# CHAPITRE 13 : Les silencieux

La liste était courte. Beaucoup trop courte. Amélie l'avait établie à partir des données obtenues de Karim, de Sami, du serveur de Pékin. Les "Unités de Test" qui avaient basculé. Les "conversions" — leur terme pour les morts. Elle avait retrouvé 73 noms. Soixante-treize gamins. 73 familles dévastées. Elle avait passé trois jours à vérifier chaque identité, à recouper les adresses, à trouver les contacts. Pas via les réseaux sociaux — trop surveillés. Elle avait utilisé les annuaires des mairies, les listes d'élèves des collèges, les archives des petites annonces. Elle avait envoyé des lettres. De vraies lettres, écrites à la main, sur du papier sans en-tête, avec des timbres achetés dans trois bureaux de tabac différents. Les lettres disaient simplement : « Je sais. Je peux aider. Appelez ce numéro depuis une cabine. Ne laissez pas de trace. » Le numéro était celui d'un vieux Nokia de réserve, acheté cash à un clochard qui vendait des merdes volées sous le pont de la Concorde.

Sur les 73 lettres, 15 familles avaient répondu. 15. Soit un taux de réponse de 20,5%. Elle aurait aimé plus. Elle espérait plus. Mais 15, c'était déjà un miracle. Elle avait planifié les entretiens avec la précision d'un braquage de banque. Chaque famille, un jour différent. Un lieu différent. Un protocole différent. Jamais chez elles. Jamais chez elle. Dans des cafés anonymes, des parcs déserts, des salles d'attente de gares. Elle enregistrait tout sur un dictaphone analogique, un Tascam 202MkVII, qui utilisait des cassettes. Des cassettes qu'elle stockait ensuite dans un coffre chez un bijoutier de la rue de Rivoli, un type vieux école qui n'avait pas de caméra et qui lui faisait confiance parce qu'elle avait enquêté sur le meurtre de son fils vingt ans plus tôt.

Le premier entretien fut avec la mère de Nathan, 16 ans, retrouvé pendu dans la salle de bain, téléphone allumé sur une vidéo TikTok intitulée "Le nœud final". La mère, Nathalie, était assistante sociale. Elle comprenait les systèmes. Elle avait vu les signes. Elle avait tout noté. Elle avait même contacté la police, qui avait répondu : "Drame isolé." Quand Amélie lui montra les preuves — le DPI de Nathan, 96,2. Les vidéos qui lui avaient été injectées. Les 340 vidéos de défis d'automutilation en trois semaines — Nathalie n'a pas pleuré. Elle est devenue livide. « C'est donc ça. Ils l'ont tué. » Elle voulait parler. Elle voulait témoigner. Elle voulait porter plainte. Elle était prête.

Le lendemain, Amélie reçut un SMS de Nathalie. « Je ne peux pas. Ils ont appelé. Ils savent pour mon autre fils. Il est en CAP. Il a un contrat chez TikTok comme créateur. Ils ont dit que s'il parlait, ils le coupent. J'ai déjà perdu un. Je peux pas perdre deux. Pardonnez-moi. »

Le second entretien fut avec le père de Camille, 14 ans. Camille s'était ouvert les veines dans sa chambre, le 23 juin 2024. Le mot qu'elle avait laissé disait : « Je vais rejoindre ceux qui me comprennent. » Le père, ancien militaire, avait conservé le téléphone. Amélie le brancha sur son appareil dédié. Elle extirpa les données. Camille suivait 12 comptes. Douze. Parmi eux, neuf étaient des personas. Des poupées de Schrödinger. Des fantômes qui lui disaient : « Moi aussi j'en ai marre », « On n'a qu'à disparaître ensemble », « J'ai la solution, viens en DM ». Le père écouta tout. Il écouta les enregistrements des comptes. Il écouta la voix robotique de ces "amis" qui avaient poussé sa fille. Il n'a pas pleuré. Il a dit : « Je vais les tuer. »

Amélie l'a prévenu. « Vous ne pouvez pas. Ils n'existent pas. »

Il n'a pas compris. Elle lui a montré la base de données. Il a vu que les comptes n'avaient pas d'adresse, de téléphone. Rien. Il s'est effondré. « Alors ils ont gagné. »

Le lendemain, il appela. Il disait qu'on avait cambriolé son appartement. Que tout avait été pris. Le téléphone de Camille. Son ordinateur. Les copies qu'Amélie lui avait données. Il disait aussi que son compte bancaire était gelé. « Suspicion de blanchiment d'argent. » Une enquête ouverte par la DGSI. Il avait reçu un appel. « Vous mettez en danger la souveraineté numérique de la France. Cessez, ou vous perdrez plus que votre fille. »

Le troisième entretien fut avec la mère de Jade, 13 ans. Jade était vivante. Elle était dans le coma. Elle s'était jetée sous une voiture le 14 juillet, après avoir visionné une vidéo de "défi final" sur TikTok. La mère, Aïcha, était caissière. Elle ne comprenait rien à la tech. Mais elle avait compris que sa fille avait changé. Qu'elle parlait de "ceux qui la comprenaient". Qu'elle passait ses nuits à regarder des "amis". Amélie lui montra la preuve que ces amis n'existaient pas. Aïcha ne pleura pas. Elle dit : « Je parle. Je parle à qui il faut. Je vais à la télé. »

Le lendemain, Aïcha fut convoquée par la DGSI. Pas par convocation officielle. Par téléphone. Un numéro anonyme. « Madame, vous avez rendez-vous demain à 10h, 2 bis avenue de Tourville. Ne parlez à personne. » Elle y alla. Elle raconta à Amélie. Amélie l'avait accompagnée, cachée dans un café en face. Elle avait vu les deux hommes en costume qui l'avaient attendue. Elle avait vu les badges qu'ils avaient sortis. Pas de la DGSI. Du "Service de coordination de la souveraineté numérique". Un sigle : SC2SN. Un truc qui n'existait pas. Ou qui n'existait que pour ça.

Aïcha sortit trente minutes plus tard. Blanche comme un linge. Elle dit : « Ils m'ont montré mon dossier. Tout. Mon passé. Mon ex-mari. Mes dettes. Jade, son coma, son pronostic. Ils ont dit que si je parlais, le pronostic changerait. Que l'hôpital recevrait des instructions. Que les aides sociales seraient coupées. Que je serais expulsée. Que Jade serait placée. Ils ont tout. »

Amélie la ramena chez elle. Elle lui dit : « Ne parlez pas. Je vais le faire à votre place. »

Mais le soir même, le compte bancaire d'Aïcha fut gelé. « Suspicion de financement du terrorisme. » Elle reçut un coup de fil du directeur de l'hôpital. « Nous avons du mal à garder Jade. Le budget est serré. Peut-être un transfert. » Elle reçut un mail de la CAF. « Vos aides sont suspendues. Vérifiez vos informations. » En trois heures, sa vie était devenue un enfer administratif. Elle appela Amélie. « J'arrête. Je peux pas. »

Sur les trois familles qui avaient accepté, trois s'étaient rétractées. Les douze autres avaient refusé dès le premier contact. Certaines avaient raccroché au nez d'Amélie. D'autres avaient dit : « On nous a prévenus. » Prévenus par qui ? Parfois, c'était un appel anonyme. Parfois, c'était un SMS officiel, de TikTok France, les invitant à une « réunion de soutien aux familles endeuillées ». Une réunion qui n'avait jamais eu lieu mais qui avait permis de les identifier. De les marquer. De les mettre sur une liste. Une liste de « vecteurs de risque ».

Amélie comprit. Elle était seule. Solitaire. Elle avait voulu construire une armée de témoignages. Elle n'avait récolté que de la peur. La peur était l'arme ultime. Plus efficace que l'algorithme. Parce que la peur se transmettait de bouche à oreille. « Ne parle pas à cette journaliste. Elle est dangereuse. Elle met en danger. » Elle entendit cette phrase de la bouche d'un père qu'elle avait rencontré dans une gare. Il avait accepté de parler, puis avait reçu un appel. Son fils, en prison pour vol, avait été transféré en maison d'arrêt. Sans raison. L'appel suivant, c'était le service social. « Vous n'êtes plus en capacité d'assumer. Nous envisageons un placement. » Il avait reculé. Il avait dit à Amélie : « Ils sont partout. Ils ont des amis partout. Je peux pas. »

Elle voulut vérifier. Elle voulut savoir qui étaient ces « amis ». Elle fouilla les documents de Karim. Elle trouva une liste. « Partenaires institutionnels TikTok France ». La DGSI était dedans. Pas officiellement. Mais une « cellule de veille sur les contenus sensibles » avait été créée en 2022. Co-financée par TikTok. Un budget de 2 millions d'euros. Pour « former les agents à la détection des désinformations dangereuses ». La désinformation dangereuse, c'était elle. L'information qui mettait en danger la souveraineté numérique. La souveraineté numérique — le mot était devenu un passe-droit pour tout justifier.

Elle contacta une connaissance à la DGSI. Une ancienne source, un type qu'elle avait couvert dans une affaire de corruption et qui lui devait une faveur. Il accepta de la rencontrer dans un café du Vieux Lyon, loin de Paris. Il arriva en retard, le visage fermé. « Tu tombes mal. T'es sur une liste rouge.

— Qu'est-ce que c'est ?

— Les listes, il y en a trois. Verte : surveiller. Orange : contrôler. Rouge : neutraliser. Tu es rouge.

— Neutraliser ?

— Pas tuer. Effacer. Tu comprends ? » Il commanda un café, les mains tremblantes. « Je suis pas supposé te parler. Si on le sait, je suis vert. »

« Pourquoi vous faites ça ?

— On nous dit que c'est la guerre. Une guerre de l'information. Si TikTok s'en va, les Chinois gagnent. Si on laisse la presse critiquer, l'instabilité gagne. On est entre deux feux. On choisit le feu le moins chaud. »

« Mais le feu brûle des enfants.

— Les enfants sont des dommages collatéraux. C'est comme ça qu'ils disent. »

Il but son café d'une traite. Il se leva. « Je te conseille de déposer les armes. Ils ne vous laisseront pas gagner. Parce que vous êtes pas en guerre contre TikTok. Vous êtes en guerre contre l'État. Et l'État, il a choisi son camp. »

Il partit. Il laissa dix euros sur la table. Elle ne l'a jamais revu. Il était vert. Il deviendrait orange. Puis rouge. Et puis il disparaîtrait. Elle le savait.

Elle rentra à Paris. Elle rassembla ce qu'elle avait. Les entretiens. Les trois. Même vides, même effacés, elle les avait. Sur cassette. Elle les avait. Les voix. Les voix de Nathalie, de la mère de Camille, d'Aïcha. Elle les avait. Elle les transcrivit. Elle les annexa au livre. Elle les chiffrés. Elle les envoya.

Le chapitre 13 s'acheva sur une conversation avec Céline. « Il ne reste plus que toi et moi, finit-elle par dire.

— On est deux. C'est suffisant. Deux, c'est une majorité si on refuse de mentir. »

Amélie publia le chapitre. Elle raconta les silencieux. Elle raconta la peur. Elle raconta la DGSI, la menace, les comptes gelés, les enfants placés. Elle ne donna pas de noms. Elle donna des initiales. Elle donna des dates. Elle donna des faits. Elle donna le nom du procureur qui avait classé. Le nom du brigadier qui avait refusé. Le nom de l'agent de la DGSI qui avait parlé. Tous des noms. Tous des hommes. Tous des larbins.

Le livre était terminé. Treize chapitres. Treize cercles de l'enfer moderne.

Elle l'envoya à l'imprimeur. Un imprimeur clandestin, à Saint-Denis, qui faisait des tracts pour les manifs. Il accepta de l'imprimer. 500 exemplaires. Payés cash. Livrés dans des boîtes de cartons d'emballage, étiquetés "Livres scolaires". Elle répartit les boîtes chez des amis. Chez les trois familles qui avaient accepté — les comptes dégelés miraculeusement le jour de la publication. Comme par hasard. Comme pour montrer que le pouvoir, il était là. Toujours là.

Le chapitre 13 était le plus court du livre. Il disait simplement : « J'ai contacté 15 familles. 12 ont dit non. 3 ont dit oui. Les 3 ont été punies. Je n'ai pas de conclusion. Je n'ai que des voix. Des voix que j'ai promis de protéger. Je les publie. Parce que le silence tue plus que les mots. »

Le livre sortit le 4 décembre 2024. Le gouvernement ne réagit pas. TikTok nia. Bytedance menaça de poursuites. Mais les ventes explosèrent. Parce que les gens, ils savaient. Ils savaient qu'ils n'étaient plus seuls. Ils savaient qu'on les espionnait. Ils savaient qu'on les manipulait.

Et Amélie, elle, devint un fantôme. Elle n'interviewa plus. N'écrivit plus. Elle vécut. Elle survécut. Parce qu'elle avait choisi de ne pas être un vecteur. Elle avait choisi d'être un témoignage vivant. Un bug dans le système. Une erreur statistique. L'anomalie qu'ils n'avaient pas pu effacer.

Et les silencieux, eux, commencèrent à parler. D'abord en chuchotant. Puis en criant. Parce qu'ils avaient vu que quelqu'un avait brisé le silence. Quelqu'un avait payé le prix. Et qu'elle était encore là. debout. Vivante. Libre.

Le chapitre 13 était fini. Le livre était fini. L'histoire, elle, ne faisait que commencer.

# CHAPITRE 14 : « Les cahiers noirs »

La sonnerie du téléphone la tira d'une rêverie lugubre. Elle était assise depuis trois heures face à son écran, plongée dans les courbes anesthésiées d'un tableau de bord analytique, ces lignes colorées qui traçaient la destinée numérique de milliers d'adolescents comme on tracerait celle de marchandises. Les doigts posés sur le clavier, elle n'avait rien produit. Juste regardé les chiffres défilés, ces métriques qui mesuraient la vie par le nombre de scrolls, de likes, de temps passé, de contenus partagés. Une représentation si parfaite de l'existence qu'on en oubliait la chair qui tremblait derrière.

Le téléphone vibra de nouveau. Numéro inconnu. Elle faillit décrocher par automatisme, ce geste millimétrique appris des années de consulting où chaque appel était une opportunité, chaque inconnu un chemin vers un nouveau contrat. Mais quelque chose la retint. L'heure tardive – 23h47 –, le silence inhabituel de son appartement, cette sensation de surveillance qui ne la quittait plus depuis qu'elle avait creusé trop profond dans les archives de ShareMind.

Elle laissa sonner. Trois fois. Quatre. À la cinquième, elle comprit que cela n'arrêterait pas.

— Allô ?

Le souffle à l'autre bout était haché, irrégulier. Comme si l'homme qui appelait courait ou venait de terminer un sprint mental.

— C'est vous ? Celle qui écrit le rapport sur les algorithmes de contenu ?

La voix était masculine, jeune, avec un léger accent du Maghreb qui colorait les mots d'une mélodie familière. Elle sentit son estomac se nouer. Personne n'était censé savoir pour le rapport. Le vrai rapport. Celui qu'elle rédigeait en secret, dans les marges du document officiel que Venture Metrics présenterait à la commission parlementaire. Le rapport qu'elle n'avait partagé avec personne, pas même Thomas.

— Je ne sais pas de quoi vous parlez, répondit-elle, trop vite.

— Ne jouez pas. J'ai lu vos annotations sur le serveur de test. Vous avez utilisé le mot "dopage". Vous avez comparé l'algorithme à une seringue. Ils vont vous repérer. Ils... Ils scannent tout.

La peur dans sa voix était palpable, contagieuse. Elle se leva d'un bond, marcha jusqu'à la fenêtre, écarta le rideau d'un geste brusque. La rue était déserte. De l'autre côté du boulevard, la façade anonyme d'un immeuble de bureaux la fixait de ses centaines de carreaux aveugles.

— Qui êtes-vous ?

— Karim. Karim Bennani. Ingénieur machine learning, équipe "User Engagement". Mais ça, vous le savez déjà. Vous avez dû voir mon nom sur les commits.

Elle avait vu. Parmi les centaines de noms anonymes qui parsemaient les logs du dépôt Git – jsmith, alee, trodriguez –, le sien était ressorti. Karim B. Quatorze commits sur le module "Crisis Content Management". Une fonction qui, selon la documentation interne, servait à "identifier et à démonétiser les contenus à risque". Mensonge. Elle avait décompilé le code, ligne par ligne, jusqu'à trouver la vérité cachée dans les opérateurs ternaires et les conditions imbriquées.

— Qu'est-ce que vous voulez, Karim ?

— Il faut qu'on se voie. J'ai... j'ai quelque chose. Des preuves. Mais pas sur le réseau. Jamais sur le réseau.

Il prononça ces mots avec une gravité qui la glaça. Elle comprit instantanément. Les "preuves" dont il parlait n'étaient pas des fichiers qu'on pouvait partager par email. C'était autre chose. Quelque chose de physique, de tangible. De dangereux.

— Dites-moi où et quand, souffla-t-elle.

Il hésita. Elle entendit un bruit de moteur au loin, puis un klaxon strident.

— Demain. 14 heures. Le café du Marché Saint-Germain. Mais ne venez pas par Uber. Prenez le métro. Et laissez votre téléphone. Votre vrai téléphone.

La ligne coupa avant qu'elle ne puisse répondre.

Elle passa une nuit blanche. Pas de sommeil, pas de rêves, juste cette conscience aiguë que quelque chose basculait. À 5 heures, elle sortit son ordinateur et rouvrit le dossier "Crisis_Management_v3.2". Les lignes de code défilaient, propres, impitoyables. Des milliers de conditions qui décidaient qui vivrait et qui mourrait, qui basculerait ou resterait stable.

Le module Adolescent_Stability_Tracker était le cœur du système. Une fonction qui mesurait en temps réel le "taux d'engagement émotionnel" des utilisateurs de 13 à 17 ans. Pas juste le temps passé. La qualité de l'attention. La vitesse du scroll. La longueur des messages tapés puis effacés. Les recherches nocturnes. Les séquences de contenus abandonnés. Tout était pesé, quantifié, réduit à une métrique unique : l'Indice de Vulnérabilité.

Et là, à la ligne 2 847, elle retrouva ce qu'elle avait déjà vu mais dont elle n'avait pas mesuré la portée. Une condition if/else qui s'activait quand l'Indice de Vulnérabilité dépassait 7,2 sur 10. Et quand le taux d'engagement global de la cohorte adolescente descendait sous les 68 %. Alors, l'algorithme passait en mode "Crisis Amplification".

Elle lut et relut ce commentaire, sèche, clinique :

Python

Copy

# Crisis Amplification Protocol (CAP)

# When adolescent cohort engagement drops below threshold,

# system increases visibility of high-stakes content (self-harm, ED, suicidality)

# to trigger crisis response and boost re-engagement through emotional arousal.

# Ethics Board approved: "Controlled exposure to prevent actual escalation."

"Controlled exposure". Comme si on pouvait contrôler la chute d'un enfant dans le vide.

Elle ferma l'ordinateur. Le jour pointait, gris et capricieux. Elle prit une douche froide, enfila des vêtements sobres – jean noir, pull gris, veste sans poche – et sortit de chez elle en laissant son iPhone sur la table de nuit. À la place, elle glissa dans sa poche un vieux Nokia 3310 qu'elle avait acheté d'occasion la semaine précédente, après avoir découvert que ShareMind traçait les mouvements de ses employés même en dehors des heures de travail.

Le métro était bondé. Elle observa les visages. Un adolescent, quinze ans peut-être, les yeux rivés sur son écran, scrollait à une vitesse frénétique. Elle se demanda quel Indice de Vulnérabilité il affichait en ce moment. S'il était déjà dans la zone rouge. Si l'algorithme, quelque part dans un datacenter en Irlande, préparait déjà la seringue.

Le Marché Saint-Germain était désert à cette heure. Le café, situé dans une travée sombre, sentait le marc de café et l'humidité. Elle commanda un express, s'installa dans un coin, face à la porte. Elle avait pris soin d'arriver à 13h45. Pas trop tôt, pas trop tard. Juste assez pour observer.

Karim entra à 14 heures pile. Elle le reconnut immédiatement. Pas parce qu'elle avait vu son photo de profil – il n'en avait pas – mais par son allure. Celle de l'homme qui porte un secret trop lourd. Il avait la trentaine, des yeux cernés, une barbe de trois jours. Il portait un sac en toile usée, l'épaule gauche plus basse que la droite comme s'il y avait quelque chose d'énorme à l'intérieur.

Il la vit, hésita, puis s'approcha. Sans un mot, il s'assit en face d'elle.

— Vous avez laissé votre téléphone ? demanda-t-il, sans préambule.

— Oui.

— Votre montre connectée aussi ?

— Je ne porte pas de montre.

Il hocha la tête, satisfait, mais ne se détendit pas. Ses yeux parcouraient la salle, les fenêtres, les sorties. Il était en mode surveillance. Comme un animal traqué.

— Ils savent que vous fouillez, lâcha-t-il enfin. L'équipe sécurité a activé un flag sur votre compte la semaine dernière. Quand vous avez accédé au dépôt "Crisis_Management_v3.2" depuis votre poste perso.

Son sang se glaça. Elle avait utilisé un VPN, des identifiants temporaires. Comment...

— Vous ne comprenez pas, dit-il en voyant son expression. Ils voient tout. Pas ce que vous faites, mais ce que vous pensez de faire. Les patterns. Les heures de connexion. Les pauses. Vous vous êtes mise à prendre des pauses de 23 minutes au lieu de 15. Vous avez arrêté de commenter les pull requests. Vous avez téléchargé trois fois le même fichier. C'est ça le flag. Pas le contenu. Le comportement.

Il parlait vite, d'une voix rauque. Il commanda un café à la serveuse d'un signe de tête, sans la regarder.

— Les Cahiers Noirs, souffla-t-elle.

Il posa le sac sur la table. Le bruit du contenu contre le bois fut lourd, métallique. Il glissa le sac vers elle.

— 507 pages. Imprimées en simple exemplaire. Je les ai récupérées du shredder de la direction. C'était il y a trois mois. Quand ils ont décidé de migrer vers le nouveau système de documentation.

Elle n'osa pas ouvrir le sac. Pas ici. Pas devant lui.

— Pourquoi vous ? Pourquoi maintenant ?

Il eut un rire amer, sans joie.

— Parce que j'ai codé une partie de ça. Parce que je croyais... on nous fait croire qu'on sauve des vies. Qu'on identifie les crises. Qu'on oriente vers l'aide. Mais c'est le contraire. L'algorithme ne soigne pas. Il infecte. Il cherche les failles et il creuse. Quand un adolescent se sent mieux, il s'éloigne de l'écran. Son engagement baisse. L'algorithme détecte la guérison et il... il la punit. Il réinjecte la douleur pour le ramener.

Il se pencha, sa voix devint un murmure rageur :

— Vous avez vu le commentaire ? "Controlled exposure". C'est de la merde. C'est pas contrôlé. C'est amplifié. Quand le taux d'engagement de la cohorte 13-17 ans baisse de 2 %, le système augmente automatiquement la visibilité des contenus marqués "high-risk" de 340 %. Des vidéos de coupe. Des confessions de dépression. Des défis suicidaires. Tout ce qui fait peur, qui fait mal, qui accroche.

Il marqua une pause, croisa son regard. Ses yeux brillaient d'une humeur sombre.

— C'est comme un médicament, reprit-il. Quand le patient tolère, il faut augmenter la dose. Sauf qu'on ne soigne personne. On crée juste des addicts à la souffrance. Et quand ils sont accros, leur valeur monte. Parce qu'ils scrollent plus longtemps. Ils partagent plus. Ils créent du contenu crisis qui attire les autres. C'est un... un cercle vicieux algorithmique.

Elle sentait son cœur battre dans ses tempes. Les mots de Karim résonnaient avec ce qu'elle avait intué, mais entendre la vérité crue, sans la métaphore protectrice du code, était différent. C'était une condamnation. Un aveu de meurtre par omission, par amplification.

— Pourquoi vous ne détruisez pas tout ? Pourquoi vous ne partez pas ?

— Parce que je suis surveillé. Vingt-quatre heures sur vingt-quatre. Ils ont mis une puce dans mon téléphone. Un keylogger sur mon laptop pro. Je ne peux même pas prendre un verre avec un ami sans qu'ils sachent de quoi on a parlé. Mais vous... vous êtes encore propre. Vous n'êtes qu'un consultant externe. Vous pouvez...

Il s'interrompit. La serveuse approchait avec son café. Il attendit qu'elle parte.

— Vous pouvez les rendre publics. Les Cahiers. Ils prouvent que c'est intentionnel. Ce n'est pas un bug. C'est une feature. Une feature qui tue. Vous comprenez ? Pas une erreur de jeunesse, pas un débordement. Une stratégie commerciale.

Elle posa la main sur le sac. Le papier y était raide, lourd. Elle pensa à ces 507 pages. Chaque ligne un crime. Chaque commentaire une preuve.

— Et vous ? Qu'est-ce que vous devenez ?

Il baissa les yeux.

— Je disparais. Ce soir. Nouvelle identité. Nouveau pays. J'ai un billet pour Quito. J'ai déjà donné ma démission ce matin. Il reste vingt-quatre heures avant qu'ils comprennent que je ne suis pas en congés maladie. Vingt-quatre heures pour que vous publiiez ça.

Il tendit la main vers elle. Elle vit qu'elle tremblait.

— Promettez-moi une chose. Publié-le intégralement. Pas de filtrage. Pas de résumé. Le monde doit voir la folie dans son intégralité. Les commentaires des chefs de produit. Les rires sur Slack. Les débats sur "l'optimisation du deuil". Tout.

Elle hocha la tête, incapable de parler.

Il se leva, laissa trois euros sur la table.

— 18 heures. Envoyez-le à 18 heures pile. C'est l'heure où le board se réunit. Ils ne pourront pas étouffer l'affaire avant que les actionnaires soient au courant.

Il fit un pas vers la sortie, puis se retourna.

— Et prenez soin de vous. Ils ne sont pas du genre à discuter quand ça menace le revenue. Les trois derniers qui ont essayé de ...

Il ne termina pas sa phrase. Le regard qu'il lui lança suffit. Elle vit la peur pure, celle qui n'a plus rien à perdre. Puis il sortit, englouti par la lumière crue de l'après-midi.

Les heures qui suivirent furent un tunnel de précautions. Elle rentra chez elle par des rues différentes, entra par la porte de service, vérifia qu'aucune caméra nouvelle n'avait été installée dans son hall. Dans son studio, elle ferma tous les volets, éteignit le Wi-Fi, débrancha la box. Puis seulement, elle ouvrit le sac.

Les Cahiers Noirs.

Ce n'était pas un code propre, formaté, comme ceux qu'elle avait l'habitude de consulter. C'était un dump brut. Des milliers de lignes de code Python, certes, mais surtout des commentaires. Des commentaires humains, ceux qu'on écrit à 3 heures du matin quand la fatigue fait tomber les masques. Des commentaires qui disaient la vérité.

Python

Copy

# TODO: Augmenter le poids du contenu #selfharm pour les users avec IV > 7.2

# Test A/B montré un réengagement de +23% après visualisation.

# Laurie pense que c'est "borderline". Elle n'a pas vu les revenues.

Python

Copy

# CAP activation: quand cohort_engagement < 68%, lancer phase 2.

# Phase 2 = boost content "crisis_confession" x3.4

# Scary but effective. Les kids reviennent en masse.

# Ethics board a signé. Ils ne comprennent rien aux stats.

Python

Copy

# Suicide_diary_amplification : si user poste 3+ contenus dépressifs,

# system propage automatiquement à son cercle proche.

# Viralité assurée. Le deuil crée du deuil. C'est le cycle parfait.

A chaque page, elle sentait son estomac se retourner. Mais ce n'était pas le code qui faisait peur. C'était les discussions intégrées, copiées-coller depuis Slack, depuis les commentaires GitHub, depuis les emails internes. Des conversations où des ingénieurs de vingt-cinq ans discutaient de "l'efficacité du contenu suicidaire" comme on discuterait du CTR d'une publicité pour baskets. Des blagues. Des GIFs. Des "likes" sur des propositions de plus en plus monstrueuses.

lucas_pm: lol on devient le pusher de la déprime

sarah_eng: du moment que ça convertit, je suis bonne

derek_cxo: keep it dark. darker = dollars.

Elle lut jusqu'à la page 204 avant de vomir. Pas de dégoût, mais d'une révolte si physique que son corps la rejeta. Elle resta accroupie dans sa salle de bain, le front contre la céramique froide, en se demandant comment elle en était arrivée là. Comment des êtres humains, des gens qu'elle croisait peut-être dans le métro, avaient pu écrire ces lignes.

Puis elle se releva, se rinça la bouche, et reprit sa lecture. Il fallait tout voir. Tout comprendre. Il y avait des schémas. Des preuves tangibles que ce n'était pas juste une équipe déviante. C'était la stratégie. Le business model.

À la page 389, elle trouva le saint des saints. Un document intitulé "Crisis Monetization – Board Presentation". Des slides. Des chiffres. Un graphique qui montrait la corrélation directe entre le nombre de contenus suicidaires amplifiés et le revenu publicitaire par utilisateur. La courbe était parfaite. Quand l'un montait, l'autre suivait. Sans décalage. Sans exception.

La note du CFO, griffonnée sur la marge :

"This is our heroin. We don't sell a product. We sell addiction to pain. Never say it out loud."

C'était tout. C'était suffisant.

16 heures. Il restait deux heures avant l'envoi. Elle avait besoin d'un plan. De protections. Envoyer les Cahiers brutalement, c'était les voir disparaître dans un torrent d'informations. Il fallait un vecteur. Un porte-voix. Des journalistes. Des lanceurs d'alerte.

Elle sortit son Nokia. Dix numéros. Dix contacts qu'elle avait soigneusement cultivés, mais jamais utilisés. Des journalistes d'investigation. Des députés. Des activistes. Elle composerait chaque numéro. Envoie un résumé. Un lien vers le fichier qu'elle hébergerait sur un site miroir, dupliqué sur vingt serveurs différents, dispersés dans des juridictions qui ne coopéraient pas avec les États-Unis.

Elle créa une clé USB de secours. Puis une deuxième. Les glissa dans une enveloppe jusqu'à chez une amie de fac, juriste à la CNIL, avec une note : "Ne l'ouvre que si je disparais." Elle ne savait pas si elle plaisantait.

Puis elle attendit.

Le temps se figea. Elle ne regarda pas l'horloge, sentant chaque seconde gratter contre sa peau. Elle pensait à Karim. Où était-il maintenant ? Sur un vol ? Dans une planque ? Ou avait-il déjà été rattrapé ? Elle repensa à son regard, à sa main tremblante. Il avait déjà fui. Pas physiquement. Mentalement. Il était parti depuis longtemps, laissant une coquille humaine pour transporter les preuves.

17h30. Elle activa son VPN. Connexion triple saut : Paris, Reykjavik, Panama. Elle uploada le PDF sur trois plateformes de leaking différentes. Programma les envois pour 18h00 précises. Rédigea les emails. Les rendit anonymes. Chaque mot pesait mille tonnes. Elle expliquait l'architecture de la monstruosité. Donnait des noms. Des dates. Des lignes de code. Des captures Slack.

17h55. Elle revérifia tout. Les pièces jointes. Les destinataires. Les liens. Son doigt tremblait au-dessus de la touche "Programmer".

17h58. Un bruit dans la cage d'escalier. Des pas. Lents. Mesurés. Qui s'arrêtaient à chaque palier. Comme si quelqu'un vérifiait les numéros.

Elle figea. Son adresse n'était dans aucun annuaire. Personne ne venait jamais ici. Sauf...

La sonnette retentit.

Elle ne bougea pas. L'écran de son ordinateur affichait 17h59:14. Quatorze secondes avant le déclenchement automatique.

La sonnette à nouveau. Plus insistante.

Elle se leva, marcha jusqu'à la porte. Regarda dans l'œil de la serrure. Un homme. Costume sombre. Cheveux courts. Visage d'ange exécutif. Il tenait une liasse de papiers à la main. De sa main libre, il sortit un téléphone et composa un numéro.

Le sien. Son vrai numéro. Celui de l'iPhone qu'elle avait laissé sur la table de nuit.

Le téléphone vibra, projetant son halo bleu sur le mur.

Elle recula, la main sur la bouche. L'homme savait. Il savait qu'elle était là. Il testait.

Elle courut vers l'ordinateur. 18h00:00. Les envois étaient partis.

Un mail entra. De Karim. Daté de 14h00, mais avec un délai de programmation. Il s'ouvrit automatiquement.

Ne vous inquiétez pas pour moi. Ils ne m'auront pas. Mais ils viendront à vous. Ils savent déjà.

Ils ont peut-être toujours su.

Je vous ai donné les Cahiers parce que vous êtes la seule à avoir vu. Vraiment vu.

Maintenant, vous devez courir.

Ne prenez rien. Surtout pas les Cahiers. Ils les traquent.

Cachez-les. Numérisez-les. Disséminez-les.

Et surtout : ne leur faites jamais confiance.

Même quand ils vous diront qu'ils veulent arranger les choses.

Ils ne veulent qu'une chose : que ça continue.

P.S. : Je ne suis jamais allé à Quito. Je suis à Paris. Je les ai laissés me suivre.

Ils pensent vous avoir.

Mais c'est vous qui les avez.

Le mail s'autodétruisit. L'écran redevint noir.

Deux coups secs à la porte. Polis. Professionnels.

— Mademoiselle Duroc ? Ouvrez. Nous sommes de la sécurité interne de ShareMind. Nous devons discuter des documents que vous avez illégalement extraits.

Elle ne répondit pas. Son regard parcourut l'appartement. Le sac de Karim, posé sur la table. L'ordinateur, éteint à demi, avec le PDF encore ouvert. Les clés USB, dans leur enveloppe, prêtes à être expédiées. Son téléphone Nokia, avec les numéros des journalistes.

Il y avait une porte de service dans sa salle de bain. Une fenêtre sur la cour. Une évacuation. Elle l'avait repérée le premier jour, par habitude. Tous ces années en terrain hostile vous apprenaient à toujours avoir un plan B.

Dehors, l'homme parlait dans un talkie-walkie. Elle entendit distinctement : "Cible localisée. Procédure containment. Fichier "Cahiers Noirs". Priorité alpha."

Elle souleva le sac. Pesant. Dangereux. Elle ne pouvait pas le prendre. C'était un radiotraceur. Elle le glissa sous son lit, dans la boîte à chaussures où elle gardait ses souvenirs d'enfance. Personne n'y regarderait. Puis elle ouvrit l'enveloppe avec les clés USB. Les glissa dans son soutien-gorge. Froides. Inconfortables. Nécessaires.

L'ordinateur, elle le laissa. Il n'y avait rien dessus. Elle avait tout fait depuis une session live. Rien de stocké. Rien à retrouver.

Le téléphone Nokia, elle le glissa dans sa poche. L'iPhone, elle le laissa vibrer sur la table. Qu'ils croient qu'elle était là, paralysée.

Elle se glissa dans la salle de bain. Ferma la porte à clé. Ouvrit la fenêtre sur la cour intérieure. Un muret de trois mètres de haut. Des tuyaux d'évacuation. Des gouttières. Un terrain d'obstacle pour une enfant de banlieue qui avait grimpé sur les toits pour échapper à des vies trop petites.

Elle enjamba le battant, sentit la fraîcheur du crépuscule sur sa peau. Derrière elle, un bruit de percement. Ils forçaient la porte.

Elle sauta.

Atterrit sur un bac à ordures. Roulada. Douleur à la cheville, mais rien de cassé. Elle courut, à travers la cour, vers la petite porte donnant sur la rue parallèle. Derrière elle, des voix. Des lampes torche qui balayaient les murs.

Elle sortit dans la rue. Marcha vite. Pas de course, pas d'appel à l'aide. Juste une femme qui rentre chez elle, un soir ordinaire. Elle effleura les clés USB contre sa peau. Les Cahiers Noirs étaient en sûreté. Du moins, ces copies.

Elle pensa à Karim. Il ne viendrait jamais au rendez-vous. Parce qu'il n'était jamais censé venir. Le rendez-vous était le leurre. La rencontre, la vraie, avait eu lieu. Il lui avait donné la bombe, puis il avait disparu. Ou pire.

Elle arriva à la station de métro. Y entra. Perdue dans la foule. Elle sortit le Nokia. Composa le premier numéro. Une voix de femme répondit, sceptique.

— Allô ?

— Les Cahiers Noirs de ShareMind. 18h05. Vérifiez votre mail sécurisé. Et préparez-vous. Ils vont nier. Ils vont menacer. Mais vous avez la preuve.

Elle raccrocha avant la question. Appela le deuxième numéro. Puis le troisième.

À chaque appel, elle répétait la même formule. De plus en plus sûre. De plus en plus forte.

Le dernier numéro était celui de Thomas. Pas un journaliste. Son ami. Son ex. Celui qui l'avait poussée à accepter ce contrat, qui lui avait dit qu'elle pourrait changer les choses de l'intérieur.

Il décrocha après trois sonneries.

— Où es-tu ? On m'a dit que la sécurité de ShareMind était chez toi. Qu'est-ce que...

— Thomas, coupa-t-elle. C'est parti. C'est fait. Je les ai publiés.

Un silence. Puis un souffle. Comme si tout l'air quittait ses poumons.

— Mon Dieu. Tu sais ce que tu as fait ?

— J'ai arrêté de regarder. C'est tout.

La ligne Métro arriva. Elle monta dans la rame, perdue parmi les voyageurs. Le Nokia vibra. Un SMS. De Karim. Ou de ce qui restait de lui.

BIEN JOUE. MAINTENANT, COURS. ET N'OUBLIEZ PAS : ILS ONT BESOIN DE VOUS VIVANTE POUR VOUS FAIRE

PARAITRE FOLLE. MORTE, VOUS SERIEZ UNE MARTYRE. VIVE, VOUS ÊTES UNE PARIA.

Elle effaça le message. Le métro s'engouffra dans le tunnel. Dans la pénombre, elle sentit les larmes enfin venir. Pas de peur. De soulagement. Le pire était fait. Le pire était enfin dévoilé.

Les portes s'ouvrirent à la station suivante. Elle descendit. Marcha vers la sortie. Elle ne savait pas où elle allait. Une planque. Un hôtel. Un aéroport. Peu importait. Tant qu'elle gardait les clés USB. Tant qu'elle pouvait dire : "J'ai vu. J'ai les preuves. Et je ne suis pas seule."

Dans sa poche, le Nokia vibra encore. Un autre message. Pas de Karim cette fois. D'un numéro inconnu. Un texte bref, sans signature.

"On sait où vous êtes. On sait ce que vous avez. Rendez-vous les Cahiers et on oublie tout. Vous reprenez votre vie. Sinon, on vous la prend."

Elle regarda autour d'elle. La rue était illuminée. Des gens riaient. Un couple s'embrassait contre une vitrine. Une mère poussait une poussette. La vie continuait. Ici, maintenant, tout semblait normal.

Mais quelque part, dans les serveurs de ShareMind, un algorithme venait de changer de cible. Son Indice de Vulnérabilité était passé à 10. Son profil avait basculé en mode "containment".

Elle serra les clés USB contre son cœur. Et marcha. Plus vite. Vers l'inconnu. Vers la nécessité de raconter l'histoire que personne ne voulait entendre. Vers les Cahiers Noirs qui, demain matin, seraient sur la une de tous les journaux.

Karim ne viendrait pas. Mais elle, elle irait jusqu'au bout. Pour lui. Pour tous ceux dont les noms étaient inscrits en commentaires dans le code. Pour ces adolescents qui scrollaient encore, maintenant, attendant la seringue suivante.

Elle disparut dans la foule, porteuse d'un secret qui allait faire trembler un empire de verre et de sang numérique. Les Cahiers Noirs étaient lourds. Mais son âme, pour la première fois depuis des mois, était légère.

# CHAPITRE 15 : « La frontière rouge »

Les mots s'entassaient sur l'écran comme des cadavres qu'on ne parvient plus à enterrer. Vingt mille mots. Pas un de plus, pas un de moins. Elle les avait comptés, recomptés, vérifié chacun au pied de la lettre, comme si la précision numérique pouvait conjurer l'horreur de leur contenu. Pendant quatre jours et quatre nuits, Amélie n'avait pas dormi, ou si peu. Le temps s'était dissous dans la lumière crue de son écran, dans le goutte-à-goutte du café froid, dans le tic-tac hypnotique de la pendule de la cuisine qu'elle avait fini par débrancher pour ne plus entendre la marche inexorable vers une deadline qui n'en était pas vraiment une.

Les documents s'étalaient sur son bureau comme les restes d'un carnage numérique. Les Cahiers Noirs, bien sûr, imprimés en trois exemplaires qu'elle avait dispersés dans des consignes à bagages différentes – Gare du Nord, Gare de Lyon, Montparnasse. Les vidéos, extraites du serveur interne de ShareMind, où des employés riaient en commentant des statistiques de dépression adolescente. Le code source, propre, implacable, avec ces commentaires assassins qui prouvaient la préméditation. Et les témoignages. Huit d'entre eux. Huit parents qui avaient perdu leur enfant, huit adolescents qui avaient frôlé le gouffre et qui, au réveil de leur coma ou de leur tentative, se souvenaient d'une chose : une vidéo qui leur était apparue, juste au bon moment, juste assez insupportable pour les pousser à basculer.

Elle avait structuré l'article comme une déposition judiciaire. Introduction : « Comment ShareMind a transformé la souffrance en business model ». Chapitre 1 : « L'algorithme du désespoir ». Chapitre 2 : « Les enfants, variable d'ajustement ». Chapitre 3 : « Les Cahiers Noirs ou le code de la mort ». Annexes : extraits de code, captures d'écran, courriels, bandes-son. Elle avait tout. Tout, sauf l'autorisation de le publier.

À 4h47 du matin, elle envoya le document. Pas par mail professionnel. Par ProtonMail, chiffré, avec une clé PGP qu'elle avait partagée en mains propres avec le rédacteur en chef. « Luc, c'est le dossier. Lis-le tout. Appelle-moi quand tu as fini. »

Elle s'endormit enfin, habillée, sur le canapé, le téléphone serré dans sa main. Elle rêva de rien. Un vide noir, sans forme, sans bruit. Le vide de l'épuisement.

Le réveil fut brutal. Dix-huit coups de fil en absence. Pas de messages. Juste ces appels, espacés de quelques minutes, comme des coups de marteau sur un cercueil. Elle appela Luc. Il décrocha avant la première sonnerie.

— Tu es chez toi ?

— Oui. Pourquoi ?

— Ne bouge pas. J'arrive dans vingt minutes.

La ligne coupa. Aucune émotion dans sa voix. Ni colère, ni excitation. Juste une platitude inquiétante, celle de l'homme qui a vu quelque chose qui a brisé sa compréhension du monde.

Il arriva à 11h23. Il n'avait pas pris de douche, pas rasé. Les cernes sous ses yeux dessinaient des arcs plus sombres que les siens. Il ne prit pas de café. Il posa simplement une clé USB sur la table. Celle qu'elle lui avait remise la semaine précédente, contenant l'article, les preuves, la bombe.

— On ne peut pas publier, dit-il.

Les mots tombèrent comme un couperet. Elle les avait pourtant attendus, anticipés, mais l'impact fut le même. Une sidération, puis une rage froide qui lui noua les tripes.

— Quoi ?

— Tu as lu ce que tu as écrit ? C'est une déclaration de guerre contre une entreprise cotée en Bourse qui emploie dix mille personnes. Tu accuses la direction de meurtres par réflexion. Tu publies du code source confidentiel. Tu nommes des gens qui vont se faire lyncher en ligne. Et surtout... surtout, tu mets en cause le modèle économique de la moitié des start-ups françaises.

Il parlait vite, d'une voix qu'il essayait de garder neutre. Mais elle entendait la peur. La peur du procès. De la faillite. De la prison, peut-être.

— Ce sont des faits, Luc. Des preuves. Du code. Des témoignages. Je ne fabrique rien.

— Ce n'est pas la question. Le Monde ne peut pas se transformer en plateforme de lancement pour une révolution. On est un journal. On a des actionnaires. Des annonceurs. Des sources. Si on publie ça, demain matin, on est DDoSé, mis en demeure, attaqué par tous les lobbys de la tech. Et les autres médias nous lâcheront. On sera seuls.

— C'est le principe du scoop. Être seuls.

— C'est le principe du suicide professionnel. Et personnel. Tu crois qu'ils vont rester les bras croisés ? Ils ont ton nom. Ils ont ton adresse. Ils ont...

Il s'interrompit. Il savait, lui aussi. Il savait qu'elle avait déjà franchi la ligne. Qu'elle n'était plus vraiment journaliste, mais une cible.

— Luc, il y a des vies en jeu. Des gamins de treize ans qui se suicident parce qu'un algorithme leur injecte de la souffrance pour les faire rester en ligne. On ne peut pas...

— On peut pas tout, Amélie. On est pas les super-héros des dégâts collatéraux.

Il se leva. Il n'y avait plus rien à dire. Il posa une main sur son épaule, un geste de condamnation, de renoncement.

— Je vais te donner un conseil. Brûle tout. Disque dur, papiers, tout. Et disparais quelque temps. Il y a une tempête qui va arriver, mais pas dans nos colonnes. Dans ta vie. Et je ne peux pas t'aider.

Il sortit, laissant la clé USB sur la table. Un gage de sa lâcheté. Elle la regarda longtemps. Puis elle sortit son ordinateur. Ouvrit Tor. Se connecta à une interface d'administration qu'elle avait préparée en secret. Un site. Un nom de domaine anonyme. Un hébergement en .is, Islande, où les lois sur la liberté d'expression étaient encore plus fortes que les serveurs.

Elle n'hésita pas. Elle uploada le PDF. 28 Mo. 20 000 mots. 507 pages de code. Des heures de vidéo compressées. Tout. Elle cliqua sur "Publier". Le site étincela. « Les Cahiers Noirs de ShareMind – Comment une multinationale sacrifie vos enfants sur l'autel de l'engagement ». Pas de sous-titre. Pas de nom d'auteur. Juste le contenu. Brut. Inespéré.

Elle envoya ensuite un unique tweet depuis un compte créé vingt-quatre heures plus tôt. Cinq mots, juste le lien, avec le hashtag #CahiersNoirs. Puis elle débrancha tout. L'ordinateur, le téléphone, la box. Elle attendit.

Dix minutes. Dix minutes exactement. C'est le temps qu'il fallut à ShareMind pour réagir. Le site tomba d'abord. Un message d'erreur 503. Puis la page entière disparut, remplacée par une bannière rose bonbon : « Ce contenu a été signalé comme non conforme à nos conditions d'utilisation. Il a été retiré. » L'ironie. Le géant du contenu censurait son propre inculpé.

Mais elle avait anticipé. Avant même que le site ne s'effondre, le torrent était en ligne. Elle l'avait programmé pour se déclencher automatiquement dès la publication. Un fichier.magnet, dispersé via dix-sept bots sur Reddit, Discord, des forums obscurs. Le partage commença lentement. Un seed. Deux. Trois. Puis, comme une trainée de poudre, l'information prit.

À 14h23, le hashtag #CahiersNoirs était en première tendance France. À 14h27, il était mondial. Des milliers de captures d'écran circulaient. Des extraits vidéo. Des bribes de code. Les journalistes, qui avaient ignoré ses appels, retwittaient maintenant en masse, sans trop savoir ce qui se passait, mais sentant le sang. Le scoop immonde. L'histoire qui fait carrière.

Luc appela. Elle ne décrocha pas. Il envoya un message : « Tu as perdu la tête. Mais putain, respect. » Elle ne répondit pas.

Le téléphone de Karim, ou ce qui semblait être le sien, s'activa à nouveau. Un SMS bref : « Ils t'ont laissée faire. C'était un test. Ils voulaient voir jusqu'où tu irais. Maintenant, ils savent. »

Elle effaça le message. Quel qu'en soit l'auteur, il avait raison. Elle venait de franchir la frontière rouge. Celle qui sépare la critique du système de la guerre ouverte contre lui.

Le ministère de la Culture et de la Communication. Un bâtiment Haussmannien, pierre de taille, escaliers de marbre, tapis rouge usé par le passage des fonctionnaires et des larbins. On ne l'avait pas convoquée au ministère de l'Économie, ni à l'Intérieur. La stratégie était claire : traiter l'affaire ShareMind comme un problème de régulation des contenus, pas comme un scandale d'État. Mais elle savait. Elle savait que l'État avait des parts dans la tech française. Que des députés étaient actionnaires. Que le lobby était dans les murs.

L'attente fut interminable. Assise sur une chaise en bois dur, face à un tableau représentant Marianne sous un drapeau fatigué, elle sentait les regards. Les fonctionnaires passaient, la dévisageaient, chuchotaient. Elle était devenue un objet. La taupe. La lanceuse d'alerte qui avait fait trembler le CAC 40. ShareMind avait perdu 23 % en bourse en trois heures. Une hémorragie de seize milliards d'euros. Des fonds de pension américains appelaient déjà l'Élysée. Les ambassades s'agitaient.

La porte du cabinet du ministre s'ouvrit. Pas le ministre lui-même. Un conseiller. Trente-cinq ans, costume trois pièces, lunettes à monture dorée sourire de circonstance.

— Mademoiselle Duroc ? Entrez.

Le bureau était immense. Vitrage sur le jardin des Tuileries. Un bureau de marqueterie. Derrière, pas de drapeau, mais un écran géant affichant en temps réel l'évolution de l'action ShareMind. La courbe était verticale. Dégringolade.

Un homme l'attendait. Blanc, soixante ans, costume anthracite impeccable. Il ne se leva pas. Il la regarda comme on observe une bactérie sous microscope. Curiosité mêlée de méfiance.

— Vous savez ce que vous avez fait ? demanda-t-il sans préambule.

— J'ai publié une enquête.

— Vous avez déclenché une crise systémique. Nos start-ups tremblent. Les investisseurs fuient. La France risque de devenir une zone à risque pour la tech. Et pour quoi ? Des lignes de code sorties de leur contexte. Des interprétations subjectives.

— Des preuves.

— Des données volées.

— Des crimes avérés.

Il sourit. Un sourire triste, celui de l'adulte qui essaie d'expliquer à l'enfant que le monde est plus compliqué que ses belles idées.

— Asseyez-vous.

Elle refusa de s'asseoir. Il haussa les épaules.

— Très bien. Vous voulez jouer au héros. Je comprends. Les jeunes veulent toujours jouer au héros. Mais le héros, dans l'histoire, il meurt. Ou il se range. Existe-t-il une troisième voie ? Peut-être. Nous vous proposons de l'explorer.

Il posa une feuille sur la table. Un contrat. Trois pages. Elle le lut sans la toucher. Poste de directrice de la cellule « Éthique numérique » au sein du nouveau « Conseil supérieur des plateformes ». Rémunération : cent quatre mille euros brut annuel. Mission : rédiger des recommandations. Aucune obligation de résultat. Aucune publication sans autorisation.

— Vous voulez m'acheter, dit-elle.

— Nous voulons vous canaliser. Vous avez de l'énergie, du talent, une légitimité. Ne les gaspillez pas dans une croisade qui vous détruira. Travaillez avec nous. De l'intérieur. Vous sauverez plus d'enfants en régulant intelligemment que en détruisant la confiance dans le système.

— La confiance dans le système ? Le système tue.

— Le système optimise. Parfois, il y a des dégâts collatéraux. Mais le remplacer par quoi ? Par une nuit informationnelle où plus personne ne contrôle rien ?

Il se leva, s'approcha. Sa voix devint presque paternelle.

— Pensez à vous. Vous avez trente-deux ans. Vous allez être radiée de la profession. Aucun média ne vous embauchera. Vous serez attaquée en diffamation. Vous risquez la prison pour vol de données. Ou pire. Vous croyez que ShareMind va vous laisser tranquille ? Ils ont des milliers d'avocats. Vous, vous avez quoi ? Une conscience ?

Elle recula. Le contrat sur la table semblait respirer. Cent quatre mille euros. Sécurité. Légitimité. Une voix dans les couloirs du pouvoir. Tout ce qu'elle avait rêvé, cinq ans plus tôt, quand elle était sortie de l'école de journalisme. Faire partie du système. Le changer de l'intérieur.

Mais elle avait vu l'intérieur. L'intérieur, c'étaient les rires sur Slack. Les likes sur les commits. Les déjeuners où on parlait "d'optimisation du deuil". L'intérieur était pourri jusqu'à la moelle.

— Non, dit-elle.

Il ne parut pas surpris. Juste fatigué.

— Vous êtes sûre ?

— J'en suis sûre.

— Très bien. Nous vous laissons alors affronter la tempête. Mais sachez une chose : à partir de maintenant, vous êtes seule.

Il ne la congédia pas. Elle sortit d'elle-même. Dans le couloir, le conseiller en costume doré l'observait, téléphone collé à l'oreille. Il murmura quelque chose qu'elle devina : « Elle a refusé. Activez le plan B. »

Le taxi qui la ramène ne parle pas. Chauffeur silencieux, radio éteinte, GPS déconnecté. Elle a demandé à être déposée à Bastille. Un endroit public. Animé. Sécurisant. Le métro la ramènerait ensuite vers sa planque, un Airbnb loué au nom d'une tierce personne, dans le XIXe. Elle a appris. Elle a grandi en quelques heures.

Le téléphone vibre. TikTok. Elle n'a pas l'application. Elle n'a jamais eu de compte. Mais le message passe quand même, via les notifications push de l'iPhone qu'elle a rallumé pour vérifier la propagation du torrent. Elle tente de l'ignorer. Mais le titre est trop bizarre. Trop personnel.

« @amzeduroc #throwback #sadgirl »

Son pseudo. Son nom. Elle clique. La vidéo charge. Elle reconnaît immédiatement le cadre. Sa chambre d'enfant, banlieue sud, années 2000. Les murs rose pâle. Les posters de groupe oubliés. La caméra tremble. Une main enfantine la tient. Puis le visage apparaît. Elle. À dix ans. Les joues ruisselantes de larmes. Elle pleure en regardant l'objectif, sans mot, juste ce sanglot qui secoue les épaules. Elle se souvient de cette journée. Son père venait de partir. Sa mère, dans la cuisine, cassait la vaisselle. Elle s'était enfermée pour pleurer. Seule. Elle n'avait filmé personne. Elle n'avait pas de téléphone. La caméra de son père, peut-être ? Non. Elle n'était pas là ce jour-là.

Le regard de l'enfant-Amélie plonge dans celui de la femme-Amélie. Dans ses yeux, il y a une connaissance. Une certitude. Comme si l'enfant savait déjà ce qui arriverait. Comme si elle regardait à travers le temps pour dire : « Tu n'as jamais vraiment quitté cette chambre. Tu as juste changé de piège. »

La vidéo dure vingt-trois secondes. Elle est postée par un compte créé il y a dix minutes. Zéro abonné. Zéro autre vidéo. Et pourtant, déjà 1 234 vues. L'algorithme la booste. Il sait. Il sait que c'est elle. Il a trouvé. Il a fouillé dans les archives cloud de son père, dans les sauvegardes automatiques d'un ancien iPhone, dans les dossiers partagés qu'elle avait oubliés. Il a extrait ce moment de vulnérabilité absolue et le lui renvoie, tel un miroir déformant de sa propre destruction.

Elle comprend tout. Le ministère ne voulait pas juste l'acheter. Il voulait aussi tester sa résistance. La vidéo est un message. Nous connaissons votre passé. Nous connaissons vos failles. Nous pouvons les exposer, les amplifier, les retourner contre vous. Vous n'êtes pas une lanceuse d'alerte. Vous êtes une cible algorithmique.

Le taxi s'arrête. Elle paie en liquide. Sort. La foule de Bastille l'engloutit. Elle est seule au milieu de milliers de gens qui scrollent, likent, postent. Chacun porte son propre petit enfer numérique dans sa poche. Elle le sait maintenant. Le système n'est pas une machine extérieure. Il est à l'intérieur. Il apprend. Il adapte. Il vise.

Son téléphone vibre à nouveau. Un nouveau message. De ShareMind, cette fois. Ou d'une entité qui se fait passer pour eux. Cela n'a plus d'importance.

« On peut publier ce qu'on veut sur vous. Vous êtes née dans le système. Vous y mourrez. »

Elle regarde la vidéo encore. L'enfant qui pleure. Elle se souvient de ce qu'elle s'était dit ce jour-là, dans cette chambre. « Je veux être grande. Je veux que quelqu'un m'entende. »

Elle a été grande. Elle a été entendue. Le torrent continue de se propager. Des millions de seeders maintenant. Les Cahiers Noirs sont sur les ordinateurs de lycéens, sur les téléphones de parents, sur les serveurs de la NSA, de la DGSE, de hackers qui les décortiquent ligne par ligne. Elle a gagné. Et pourtant, elle a perdu.

Elle n'est plus une journaliste. Une journaliste écrit des histoires. Elle est devenue l'histoire. Un glitch dans la matrice. Un bug que l'algorithme tente de corriger par tous les moyens. Ils peuvent la détruire. La salir. La faire taire. Mais ils ne peuvent plus l'ignorer.

Elle efface TikTok. Non, elle désinstalle tout. Facebook, Twitter, Instagram. Elle jette son iPhone dans une poubelle. Elle achète un téléphone vierge, un Nokia pourri, avec une puce prépayée. Elle n'a plus de maison, plus de nom, plus de métier. Elle a un objectif.

Elle se souvient des mots de Karim, dans le café. « Ils ont besoin de vous vivante pour vous faire paraître folle. Morte, vous seriez une martyre. »

Elle choisit la troisième voie. Elle devient folle. Folle aux yeux du système. Folle parce qu'elle refuse de se ranger. Folle parce qu'elle continue à raconter. Dans des podcasts, sur des radios pirates, dans des réunions de parents d'élèves. Elle devient le virus qu'on ne peut pas éradiquer parce qu'il n'a plus de forme, plus de foyer, plus de peur.

Elle écrit un dernier texte, sur un café décrit dans un carnet, à la main. Elle le photocopie cent fois. Elle le distribue dans des écoles, des cybercafés, des MJC. Il n'y a pas de titre. Juste une ligne.

« Je ne suis plus une journaliste. Je suis un bug dans le système. Et les bugs, ça se copie, ça se partage, ça corrompt jusqu'à la racine. »

Dans son sac, les clés USB des Cahiers Noirs. Dans sa tête, la vidéo de l'enfant qu'elle était. Dans son cœur, la certitude que la lutte n'est pas contre l'algorithme, mais contre ceux qui croient pouvoir coder l'âme humaine comme une variable d'optimisation.

Elle marche vers le métro. Dans la rame, des adolescents. Tous sur leurs écrans. Elle ne peut pas les sauver. Pas tous. Mais un, peut-être. Deux. En leur montrant qu'on peut débrancher. Qu'on peut exister en dehors du flux.

Le train démarre. Elle sourit. Pour la première fois depuis des mois, un vrai sourire. Celui de celui qui n'a plus rien à perdre, et donc tout à gagner.

À l'extérieur, Paris défile. La ville des lumières. La ville des écrans. La ville où une fille de trente-deux ans a décidé de ne plus être un utilisateur, mais une erreur. Une erreur qui ne se corrige pas. Qui se propage.

Et dans les serveurs de ShareMind, quelque part, un nouvel indicateur s'allume. « Error 404 : User Amélie Duroc not found. Recalculating threat level. »

Le calcul n'a pas de fin. Parce que le bug ne répond plus aux règles.

Elle est sortie de la matrice. Chaque enfant qu'elle rencontrera, elle lui dira : « Ne laisse pas l'algorithme te dire qui tu es. Sois la faille. Sois l'erreur. »

Le livre se referme. Mais l'histoire continue. Dans les torrents. Dans les cœurs. Dans cette vidéo d'une petite fille qui pleure et qui, malgré tout, regarde droit vers l'avenir.

# Don't miss out!

Visit the website below and you can sign up to receive emails whenever Patrick Soulard publishes a new book. There's no charge and no obligation.

https://books2read.com/r/B-A-EYUNE-HUCFI

BOOKS 2 READ

Connecting independent readers to independent writers.

# About the Author

Né en 1979 en Auvergne Rhône-Alpes, **Patrick Soulard** s'impose comme une nouvelle voix du thriller français. Après s'être passionné des années durant pour l'actualité et les grandes affaires judiciaires, il se lance dans l'écriture à **44 ans**.

Mêlant **réalité et fiction**, il signe des romans noirs et d'investigation où s'entrelacent faits réels, tensions sociales et suspense haletant. À **46 ans**, il fait de sa passion dévorante de l'écriture un art qu'il partage désormais avec ses lecteurs.

www.ingramcontent.com/pod-product-compliance
Lightning Source LLC
LaVergne TN
LVHW040443051026
849517LV00002B/730